UNA VIDA MEMORABLE CONTANDO TUS RECUERDOS UNO A LA VEZ

REMINISCIENCIA PARA LA AUTOCURACIÓN FORTALEZA Y FELICIDAD

Un año de gratitud
Con estrategias eficaces de aliento y
Empoderamiento en tu viaje por la vida

Jacqueline Díaz

ISBN: 979-8-89525-522-3

Dedicación

Dedico este libro a mi Padre Celestial en sincero agradecimiento por el camino que me ha trazado amorosamente y por la vida por la que me ha guiado.

Dedico este libro a mi querido esposo y mejor amigo, Francisco, mi compañero durante más de treinta y cinco años. Su amor y apoyo constantes han sido mi ancla a lo largo de cada etapa del viaje de mi vida.

Este libro también está dedicado a mis hijas, mis princesas Franchesca, Franyeline y Franchelli, cuya profunda inspiración alimenta mi trabajo. Hago extensiva esta dedicatoria a mis yernos, que enriquecen significativamente mi vida, y a mis queridos nietos, Jarrin, Jarilyn, Adalyn y Preston.

Por último, pero no por ello menos importante, este libro está dedicado a todos los lectores que se unen a mí para HACERLO CONTAR. Vuestro compromiso y pasión impulsan este viaje, transformando cada página en una aventura compartida y cada palabra en un triunfo colectivo.

Agradecimientos

Convertir mi trayectoria vital en un libro es tan emocionante como parece. Mi experiencia vital como madre, esposa, educadora y creyente fue a la vez desafiante y gratificante. Ahora puedo reflexionar, mirar atrás y reconocer a la comunidad que me apoyó, animó y, sobre todo, rezó por mí. Cada bendición ha sido respondida, y aquí estoy. Quiero dar las gracias a Dios sobre todo porque, sin Dios, no podría hacer nada en toda mi vida.

Ahora es mi momento de dar las gracias a las personas que me ayudaron a hacer realidad mi sueño. Mi mundo era y sigue siendo un lugar mejor para crecer y desarrollarme, gracias a mi familia y amigos. Quiero dar las gracias a **TODOS** por darme palabras de afirmación. Lo escuché todo y significó mucho para mí. Estoy encantada de aprovechar esta oportunidad para dar las gracias a esas personas que forman parte de mis recuerdos. Estoy haciendo que cuenten en esta edición del libro. Cada interacción y/o relación genuina en mi vida diaria fue un faro de esperanza y un recordatorio de las profundas conexiones que dieron sentido y amor a mi vida.

Muchas gracias a mi familia inmediata, a mi querido esposo, a mis hijas, ahora adultas, y a sus esposos y a mis nietos.

¡Me habéis formado y moldeado para ser quien soy!

Unidos nos convertimos en una familia y en un sistema de apoyo mutuo: entrenadores, mentores y un verdadero equipo. No podría haberlo hecho sin vosotros.

Estoy agradecido a mi madre, que me trajo a este mundo aun siendo muy joven. Mami gracias por traerme a los Estados Unidos de América. Gracias a mi padre en la República Dominicana por llamarme y enviarme textos.

Gracias a mi familia extendida en NYC, EEUU, República Dominicana y por todo el mundo. Todo mi agradecimiento a mi hermano Enrique por estar a mi lado y valorar mis sentimientos. Especialmente gracias a los que están cerca y me brindaron la oportunidad de construir una relación afectuosa con sinceridad.

Gracias a los que se unieron a mí y a mi esposo para crear un círculo de oración, creyendo que somos guerreros del ejército celestial. Gracias a todos los intercesores que creen y hacen peticiones diarias del favor divino a través de mi ministerio en Youtube: Sembrando La Buena Semilla.

Gracias a las comunidades eclesiales pasadas y presentes en la ciudad de Nueva York: Monte Calvario, Nazaret, Love Power Grace Tercera Alianza Cristiana y Misionera, Vision para Hoy, Cristo El Rey, y actualmente mi iglesia Un Encuentro con Dios.

¡TODOS os habéis convertido en una familia para mí!

Gracias a TODOS, especialmente a la familia Sosa de ECD. Estela, madre de 7 hijos, me acogió como a uno de los suyos, nutriéndome con sus sabias palabras desde el día en que nos conocimos allá por 1982 hasta ahora. La gran familia Sosa se convirtió en mis hermanos. Nos han dado a mí y a mis hijas el amor, los cuidados, la cobertura y la seguridad necesaria. Rosalía, mi hermana, mi amiga, y también un modelo de fe y humildad para todos.

Gracias a N & S Ramos @ LPG church, mi consejera personal durante los primeros años 2000 - 2001 @ P.S 28x, mi primera escuela de NYC. Nancy, tu oración llega muy lejos. Gracias Pastor

Lopez & Tabita @ LPG, sus sabios consejos son siempre atesorados. Gracias Sra. B. Morgan mi mentora en mis primeros años de docencia. Estoy agradecida por la Familia Roman @ Nazareth Church. Sí, confiamos en vosotros: nunca nos abandonáis... Gracias. Estoy agradecido por I. & J. Remigio, por abrirnos la puerta en la casa de oración, Casa de Gloria. Agradecidos a Jehova Justicia Nuestra, Inc, familia, comunidad, casa de oración que tuvimos el honor de dirigir: estamos agradecidos por vosotras, (Magalis & Nairovi)

¡GRACIAS A TODOS!

Cada interacción y/o relación genuina en nuestra comunidad local ha sido una piedra angular de mi vida y de mi ministerio, proporcionando un apoyo continuo y fortaleciendo nuestra misión compartida de amor y esperanza.

Gracias, familia de la P.S. 189M y directora de la escuela, J. Grullon, por vuestro inquebrantable apoyo y ánimo. La Sra. Grullon fue mi entrenadora, mi supervisora, mi mentora y una hermana para mí; su orientación ha sido inestimable.

Estoy profundamente agradecida a todos los compañeros que se convirtieron en mi familia; juntos, nos reímos, abrazamos y celebramos cada hito y logro de cada curso escolar, haciendo que nuestro viaje fuera inolvidable. Sra. Sierra, su amor y su apoyo son muy bienvenidos y profundamente valorados por mi familia. Cada uno de vosotros ha desempeñado un papel importante en la ordenación de mi camino, y por ello os estaré eternamente agradecido. Nuestras experiencias compartidas han enriquecido mi vida sin medida.

Autor

Nací en la vibrante República Dominicana, una isla del Caribe, en 1966. Viajé a EE. UU. en 1977 y me crié aquí mientras abrazaba una nueva tierra de oportunidades.

En 1988, el amor me encontró y emprendí el hermoso viaje del matrimonio con un hombre excepcional.

La educación me empoderó, y me convertí en la primera de mi familia en graduarse en la universidad con un Máster en Educación.

Independiente e ingeniosa, he logrado encontrar un equilibrio armonioso entre el trabajo y la vida, un verdadero rasgo de la Generación X.

Tengo la capacidad de adaptarme y enfrentar los desafios valorando la importancia de mi espiritualidad, el éxito personal y profesional. Mi enfoque pragmático me ha permitido navegar por las demandas del mundo moderno sin sacrificar mi calidad de vida, sin perder mi autenticidad, ni la satisfacción personal. Los papeles que más aprecio se desarrollan en el calor de mi familia: esposa de un hombre verdaderamente cariñoso, madre de las niñas más preciosas, abuela de cuatro y contando, y ahora, profesora jubilada.

El propósito de mi vida se extiende más allá del aula como educadora. La fe y el amor me guían como predicadora, y encuentro una profunda satisfacción en ministrar y orientar a los demás en su camino.

Éstos son los colores que pintan el lienzo de mi vida, cada experiencia enriquece mi viaje; y soy de ejemplo a los demás como buena administradora de los recursos que me ha otorgado por la gracia y el favor de Dios.

Prefacio

Mi propósito al escribir este libro, Una vida memorable contando tus recuerdos uno a la vez: Reminiscencia para la autocuración fortaleza y felicidad: es dar una declaración de esperanza, fe y gratitud. Me motive a compartir mi mensaje a través de la escritura donde narro mi experiencia. Deseo que utilices este libro y su mensaje como una herramienta para hacerte más fuerte en este mundo hostil en el que vivimos; no sólo hojees este devocional, sino léelo: te invito que aproveches cada momento, lee para hacer contar, es decir, celebrar tu historia. ¡Dale valor a tu vida memorable!

A medida que comparto mi experiencia a través de mis anécdotas personales, verás los distintos papeles que asumí y cómo utilizo mis dones, talentos y responsabilidades para hacer que mis experiencias cuenten para siempre. Espero que te ayude a identificar y destacar las tuyas propias para hacer que esos recuerdos cuenten para siempre.

Escribí este libro, *Una vida memorable contando tus recuerdos uno a la vez* después de jubilarme, en esta temporada tengo mas tiempo libre para mirar atrás y evaluar mi vida. Escribí para motivar a los lectores de 30, 40, 50 y 60 años.

La edad realmente no importa.

¡Todos tenemos una vida memorable que vivir!

Este es mi mensaje, muy sencillo: "Reconoce y celebra la importancia de tu vida memorable, tu familia, educación, trabajo, relaciones y comunidad". Permíteme subrayar el valor de todas tus acciones pasadas y futuras, y considerar su impacto en quienes te rodean: ayer, hoy y mañana. Sobre todo, escribí este libro para conectar contigo, querido lector. Permite que este mensaje te apoye, inspire y guíe. En mi opinión, demasiada gente se queda centrada en el dolor, la tristeza y la enfermedad. Demasiadas personas se rinden al maltrato físico o emocional, al dolor, al divorcio y al trauma de la separación familiar.

Así que te animo a que canalices tu tiempo, tu energía y tu talento para encontrar la satisfacción completa de tu propósito en esta vida. Esfuérzate por alcanzar más victorias. Las oportunidades están a tu alcance: te esperan nuevas puertas de abrir y nuevas mesas ya están preparados para que tomes tu lugar y disfrutes el manjar.

Acepta tus recuerdos como tesoros para contentarte, no para lamentarte.

Mucha gente tiende a esperar a las ocasiones especiales para experimentar la felicidad. La verdadera felicidad puede encontrarse en los momentos cotidianos y en las pequeñas cosas de la vida. Apreciando las alegrías sencillas, como un día soleado, una buena conversación con un familiar o algo es gratificante, así mismo tu afición favorita o pasatiempo cultiva una sensación constante de satisfacción y bienestar, en lugar de esperar a que acontecimientos lejanos y singulares nos traigan la alegría.

¿Te has dado cuenta de cómo Facebook, ahora Meta, te trae tus recuerdos? Esta función pone de relieve la importancia de los recuerdos nítidos: Los posts nos fortalecen, mejoran nuestro bienestar y nos mantienen conectados. Saboreando los momentos cotidianos y apreciando cada recuerdo, nuestros recuerdos, podemos llevar una vida más rica y plena, encontrando la felicidad en lo ordinario en lugar de esperar lo extraordinario.

Tabla de contenido

Introducción

"Este es el día que ha hecho el Señor; nos alegraremos y gozaremos en él".

- Salmo 118:24

¡Eres afortunado!

¡Estas favorecido!

¡Muestra tu gratitud!

¡Ha sido una bendición!

¡Haz que cuente tu vida!

Cada buena acción y cada acto de bondad.

Cada sonrisa que aumenta tu confianza.

Cada canción inspiradora que te da fuerzas.

Cada trabajo o tarea terminado te da una satisfacción.

Cada final tranquilo del día, mes o año,

Haz que cuente cada abrazo que dice:

"Estoy aquí para ti".

¡Haz que cuente con gratitud!

En esos recuerdos reside la esencia del viaje de tu vida.

-Anónimo

Cierra los ojos e inspira y espira profundamente unas cuantas veces, despacio. ¿Sientes que toda la tensión se disipa de tu cuerpo? ¿Todos esos "y si..." empiezan poco a poco a carecer de sentido?

Ahora, sé sincero contigo mismo. ¿Con qué frecuencia has considerado sinceramente tus fortunas y bendiciones?

¿Una vez, dos, o quizá nunca? No importa cuál sea el caso, no te preocupes porque este libro te cubre las espaldas. Este devocional se trata sobre la gratitud, la celebración de la vida, la fe y un montón de esperanza. Mi objetivo personal es elevar tu espíritu y elevar tu ser interior. No quiero que te límites a hojear este libro; quiero que aceptes mi invitación y desees el cambio que he transmitido a lo largo de él. El único propósito de este texto es animarte e inspirarte para que aproveches al máximo cada momento, creando recuerdos que promuevan la autocuración, fortalezcan y aporten felicidad.

"Haz que cuente, dale valor " resonará en este libro, instándote a exprimir hasta la última gota de sentido de las experiencias de la vida.

Cada alegría, cada lágrima, cada encuentro: todos ellos pintan tu retrato único. A medida que profundizas, sale a la luz una verdad: cada bendición, sea grande o pequeña, es un regalo de lo Alto. Reconoce la gracia que te llevó más allá y te ayudó a elevarte por encima de los retos. Haz que cuente eligiendo activamente dejar una huella positiva en ti y en los demás.

Jamas pases por alto un acontecimiento. SABOREALO. Acoge cada instante y valora cada experiencia.

¿Recuerdas aquellas reuniones familiares llenas de risas y calidez? No eran sólo momentos; eran bendiciones grabadas en la estructura de tu ser. Esto es un recordatorio para dar la bienvenida a cada altibajo, pues incluso los capítulos más duros encierran grandes lecciones. Cada interacción, cada acontecimiento, fue una pincelada de una mano divina, que dio forma a quién eres hoy. Su amor, Su gracia, te permitieron experimentarlo todo, aprender y crecer.

¿Desafíos? Ahora son polvo del retrovisor, impotentes para hacerte tropezar de nuevo. Mantén la mirada hacia delante, centrada en los aspectos positivos que alimentan tu felicidad y tu fuerza. Mira la ventaja en cada experiencia; cuéntala como una bendición disfrazada. No se trata sólo de sobrevivir; se trata de saborear cada minuto, cada hora, cada año.

Aceptar el camino y los ciclos de la vida que nos llevan desde la infancia hasta la mediana edad y más allá es lo que significa contar tus bendiciones. ¡Sé el cambio en un mundo en el que el agradecimiento se pasa por alto con frecuencia! Reflexiona sobre el pasado y observa el favor celestial esparcido por tu existencia, tu vida memorable.

¡El mundo es una comunidad! En este momento, nuestro mundo carece de motivación. Cada oportunidad que tengas ya sea un encuentro fortuito, un acontecimiento o un simple momento, encierra el poder de inspirar y sanar. No nos limitemos a presenciar estas breves oportunidades; ¡celebrémoslas! Las personas, los momentos y lugares influyen en tu vida. ¡Estas cuentan como tus bendiciones! Puede que tú, en el presente trabajas como si estás jubilado o quizás en algún punto intermedio no importa. Cada año, cada experiencia encierra innumerables recuerdos. Mira atrás con satisfacción y celebra tus logros el legado que has construido. La vida no termina cuando tus hijos abandonan el nido. Les toca a ellos crear sus propias historias y construir sus legados. ¡Pero tu viaje continúa! Actívate, mantente comprometido y aprovecha al máximo tu tiempo. Indaga en tus experiencias, rememora y revive esos momentos. Te animo a que compartas tu sabiduría.

¡La historia de tu vida debe ser una fuente de inspiración para ti y tus seres queridos!

Transmite algo más que dinero y pertenencias. Comparte tus lecciones de vida, valores, creencias, esperanzas y sueños. Tu estatus presente es un testimonio de tu viaje. Has construido una vida, adquirido conocimientos y creados recuerdos. Ahora es el momento de disfrutar de la riqueza y la abundancia que posees. Saborea el presente, espera nuevas experiencias y sigue haciendo que cada momento cuente.

Echemos un vistazo a la vida de Joy para comprender el profundo significado de la gratitud.

Joy saltaba por la calle Shakespeare, con sus rizos castaños rebotando a cada paso. Se deleitaba con el sol que le calentaba la cara, el aroma del pan recién horneado que salía de la panadería y la melodía de los músicos callejeros que llenaban el aire. Como era su rutina, Joy empezó el día con la gratitud latiéndole en las venas.

"¿No es un día perfecto? Chirrió Joy, poniéndose a la altura de su mejor amiga. Ada, con su mirada penetrante y su comportamiento reservado, rara vez compartía el entusiasmo desenfrenado de Joy. Ada se burló suavemente. "¿Perfecto? En la panadería se acabó el pan de bono y se me ha roto el cordón". Joy hizo una pausa, su sonrisa se atenuó ligeramente. Su amiga siempre podía encontrar una nube en cualquier resquicio de esperanza. Sin embargo, sabía que había algo más. Ada había soportado cargas que Joy no podía comprender, capeando tormentas que habían dejado cicatrices invisibles.

"¿Recuerdas el invierno pasado", empezó Joy, "cuando te quedaste atrapado en aquella tormenta de nieve?".

La mandíbula de Ada se tensó. No era un recuerdo que le gustara revivir.

"Has tenido suerte", continuó Joy, eligiendo cuidadosamente sus palabras.

"Suerte que una amable pareja te encontró y la tormenta amainó lo suficiente para que te rescataran. ¿No es algo por lo que estar agradecido?".

Ada vaciló y suspiró. "Quizá", murmuró. "Pero a veces, la gratitud se siente como ignorar lo malo para centrarse en lo bueno".

Joy negó con la cabeza. "No se trata de ignorar. Se trata de reconocer lo bueno, incluso en medio de lo malo. Como un pequeño rayo de sol que asoma entre las nubes".

Caminaron en cómodo silencio durante un rato. Entonces, Ada se detuvo, con la mirada fija en una joven que se esforzaba por llevar una pesada bolsa de la compra. Sin mediar palabra, Ada se acercó y ayudó a la chica a llevar su carga.

Cuando llegaron a la puerta de la muchacha, ésta sonrió y ofreció a Ada un puñado de rosas rojas recién recogidas. Ada, normalmente reacia a tales muestras, las aceptó con una sonrisa vacilante. "Tal vez tengas razón", dijo en voz baja, apenas un susurro. "Quizá haya algo que decir sobre encontrar la luz del sol, incluso cuando las nubes de tormenta no se han despejado del todo". Joy sonrió, sabiendo que su amiga había dado un paso pequeño pero significativo hacia la aceptación de las bendiciones que la rodeaban, flor a flor. Puede que Ada tardara algún tiempo en comprender el significado de la gratitud, pero cuando lo hizo, el mundo cambió para ella.

De este modo, muy personal, la gratitud fue la chispa que encendió el origen este libro "Una vida memorable contando tus recuerdos uno a la vez". El poder transformador de la gratitud es cambiar nuestra perspectiva, enfocándonos en lo positivo, cultivando paz interior, mejorando relaciones y promoviendo bienestar emocional y mental en cada momento y cada recuerdo.

Es por eso que quiero ayudarte a formar una base de fortaleza y esperanza mientras reflexionas sobre tus experiencias vitales agradeciendo aun las huellas imborrables que algunas puedan dejar.

De quejilloso a triunfador

Imagina un mundo en el que, cada mañana, te tomas un momento para reflexionar sobre los aspectos positivos de tu vida antes de levantarte de la cama. Un inventario mental de los abrazos intercambiados, las sonrisas compartidas, las canciones que resonaron en tu alma y los triunfos, grandes o pequeños, en tu trabajo o tus estudios. Podría ser algo tan sencillo como el calor de la luz del sol en tu rostro o la risa de un ser querido. Estos momentos, cuando se amontonan, crean una escultura de una vida bien vivida. Quiero que hagas este ejercicio, muy pequeño, pero increíblemente significativo para mí. Es muy sencillo. Aquí tienes un ejercicio paso a paso para que explores tu trayectoria vital y hagas que cuente:

Paso 1: Reúne tus herramientas

Busca un espacio tranquilo y cómodo donde no te interrumpan. Ten preparado un diario, un cuaderno o una grabación de voz para capturar tus pensamientos y recuerdos. Considera la posibilidad de preparar música relajante o aromaterapia para crear ambiente.

Paso 2: Enraízate y arraigate en la gratitud

Respira hondo unas cuantas veces y cierra los ojos. Piensa en una cosa por la que estés agradecido en tu vida en este momento. Puede ser cualquier cosa, grande o pequeña. Permítete sentir la calidez y el agradecimiento por esta bendición.

Paso 3: Viaje a través de tus recuerdos

Elige un punto de partida: tu infancia, una década concreta o un tema (por ejemplo, viajes, relaciones, aprendizaje). Empieza a recordar acontecimientos, experiencias y personas que han conformado tu vida. No lo fuerces: deja que los recuerdos fluyan de forma natural. No temas profundizar, pero respeta también tus límites emocionales.

Paso 4: Reflexiona y establece conexiones

Al evocar cada recuerdo, pregúntate

- ¿Cómo me afectó esta experiencia?
- ¿Qué aprendí de ello?
- ¿Cómo ha moldeado lo que soy hoy?

- ¿Me produjo alegría, tristeza o ambas cosas?

Intenta encontrar el significado y la finalidad que hay detrás de cada acontecimiento, incluso de los más difíciles.

Paso 5: Exprésate

Escribe tus pensamientos, sentimientos y percepciones en tu diario, o grábalos si lo prefieres. También puedes crear poemas, dibujos o cualquier otra forma de expresión creativa que resuene contigo. Este es tu espacio para ser honesto y vulnerable contigo mismo.

Paso 6: Celebra tu viaje

Tómate un momento para reconocer lo lejos que has llegado y las experiencias que has acumulado. Reconoce que cada acontecimiento, positivo o negativo, ha contribuido a tu historia única. Siéntete orgulloso de tu resistencia y fortaleza para superar los retos.

Paso 7: Llevar las lecciones adelante

Elige uno o dos aprendizajes clave de tu reflexión.

- ¿Cómo puedes incorporar estas lecciones a tu presente y a tu futuro?
- Comprométete a hacer que cada nueva experiencia cuente viviendo con intención y propósito.

Recuerda

Se trata de un viaje personal, así que no compares tus experiencias con las de los demás. Sé amable contigo mismo y paciente con el proceso. Y lo que es más importante, disfruta del viaje de exploración de tu vida y aprecia el poder de "Hacer que cuente".

¡Saca tus viejos cuadernos y tus recuerdos reprimidos! Juntos, ¡vamos a revivir todos tus momentos de valor incalculable! Disfruta de la bendición de tu vida en un mundo en el que se pierden demasiadas vidas preciosas demasiado jóvenes. Expresa una oración, difunde tus buenas vibraciones y utiliza tus hermosas palabras para embellecer el mundo.

¡Tienes mucho que dar!

Una guia para navegar este libro

Ahora que hemos sentado las bases de nuestro viaje de gratitud, echemos un vistazo a la hoja de ruta de este libro. No es sólo una colección de páginas; es una guía estructurada diseñada para acompañarte en una exploración mes a mes y semana a semana de autorreflexión y crecimiento personal.

Cada mes sirve como capítulo temático, ofreciendo un enfoque curado sobre diferentes aspectos de la vida. Desde apreciar las relaciones hasta reconocer los logros personales, estos capítulos están diseñados para inspirar el pensamiento y la acción. Piensa en ello como una cita mensual con tu propia historia, que te permitirá atravesar los vericuetos o senderos de la vida con intención y gratitud.

Sujétate el sombrero porque estamos a punto de embarcarnos en una aventura de un año de duración. Es un viaje divertido con la perspicacia o capacidad de descubrir lo inesperado, que sin duda, ocupará un lugar especial en tu corazón.

Enero es el primer mes del año. Nuevo año, nuevo tú, ¿verdad? Pero antes de que empieces a tomar batidos de espinacas y a renunciar a las redes sociales (otra vez), respiremos hondo y averigüemos qué es lo que te mueve. Abandonaremos los discursos genéricos o convencionales de "encuentra tu pasión" y en su lugar ayudaremos a descubrir lo que realmente hace arder tu alma. Piensa en ello como una búsqueda del tesoro de tu genialidad interior, sin el sombrero pirata.

Febrero es el mes del amor y nos profundizaremos en la esencia del amor: elegir amar, forjar vínculos significativos, navegar por los altibajos emocionales y mantener un corazón feliz.

Marzo es el tercer mes del año trata de aprovechar tu sabiduría y tus experiencias para guiar e inspirar a los demás mediante el ejemplo que da tu estilo de vida. Tanto si actúas como mentor, consejero, maestro o simplemente como un padre o madre soltera, tienes el poder de causar un impacto positivo y dejar un legado duradero. Así que reflexiona sobre tus puntos fuertes, comparte tus conocimientos y sé la influencia positiva que quieres ser en el mundo.

Abril es el mes en que recordaremos que hay que celebrar. ¡Celebremos las pequeñas cosas! Desde conquistar por fin esa montaña de ropa sucia hasta superar esa presentación en el trabajo, te llenaremos de confeti (metafórico, por supuesto) y te recordaremos que cada victoria, por pequeña que sea, merece un choque de cinco (o un trozo de tarta, tú eliges).

Mayo y junio dos meses memorables para honrar a los superhéroes que soportan nuestras rabietas y angustias adolescentes: ¡los padres y las madres! Nos adentraremos en las alegrías, los retos y las desventuras de la paternidad, brindando por estos increíbles seres humanos que de algún modo consiguen mantenernos con vida.

Julio es el mes que nos enfoca en el ministerio, donde exploraremos cómo servir a los demás y tener un impacto positivo en nuestra familia y nuestras comunidades. Ya sea a través del voluntariado, ofreciendo apoyo a los necesitados o simplemente difundiendo amabilidad, este mes se trata de reconocer el poder de la retribución. Encontrarás que incluso los pequeños actos de servicio pueden aportar una inmensa satisfacción y alegría, no sólo a los demás, sino también a ti mismo.

Agosto es el mes que ponemos nuestra atención al Carácter Noble. Este mes está dedicado a comprender y cultivar virtudes como la integridad, la honradez y la compasión. Nos sumergiremos en lo que significa vivir una vida guiada por sólidos principios morales y en cómo estas cualidades pueden influir en nuestras relaciones y en nuestro crecimiento personal. Es un momento para la autorreflexión/autoevaluación: para esforzarnos por ser la mejor versión de nosotros mismos. Es una nueva oportunidad para reafirmar las bases de la confianza y el respeto en todas nuestras interacciones de familia o trabajo.

Septiembre es el mes que nos trae el tema de la mayordomía. Aquí veremos cómo gestionar sabiamente nuestros recursos, ya sea tiempo, dinero o talentos. La corresponsabilidad consiste en asumir responsabilidades y tomar decisiones conscientes que reflejen nuestros valores y objetivos a largo plazo. Trataremos consejos prácticos y estrategias que te ayuden a ser un mejor administrador de lo que tienes, asegurándote de que puedes mantenerte a ti mismo y a los demás de forma sostenible y reflexiva.

Octubre este mes se centra en la Gestión del Tiempo. Una habilidad esencial para lograr el equilibrio y la productividad en nuestras ajetreadas vidas. Exploraremos técnicas para priorizar tareas, establecer objetivos realistas y crear horarios eficaces que permitan tanto el trabajo como el ocio. Una buena gestión del tiempo no consiste sólo en hacer más cosas, sino en dedicar tiempo a lo que realmente te importa. Al final de este mes, dispondrás de herramientas y conocimientos que te ayudarán a gestionar tu tiempo con eficacia, reduciendo el estrés y aumentando tu bienestar general.

Noviembre es el mes que trata sobre el agradecimiento y la gratitud. Aquí exploraremos el profundo impacto de cultivar una actitud agradecida de corazón y expresar auténtico agradecimiento en nuestra vida cotidiana. Empezaremos con la ciencia y la psicología de la gratitud, destacando cómo mejorar el bienestar mental y emocional. Luego pasaremos a estrategias prácticas para fomentar la gratitud, como llevar un diario de gratitud, practicar el agradecimiento consciente e incorporar el agradecimiento a nuestras interacciones y relaciones.

Diciembre es el fin del año ¡Hemos llegado al capítulo final! Este mes, reflexionaremos sobre todas las lecciones aprendidas, las risas compartidas y las ocasionales lágrimas derramadas. Por último, reforzáremos como aumentar e infundir fe en nosotros y nuestros seres y cómo esta esperanza nos guía en nuestro peregrinaje.

Cómo utilizar este libro interactivo

A medida que trabajes con este enfoque metódico, descubrirás que la disposición intencionada del libro refleja el ritmo de la vida. Reconoce que la transformación se produce a lo largo de días, semanas y meses, y que el crecimiento es un proceso lento.

Notaras que, he añadido **anécdotas personales** a los capítulos, con el propósito de interactuar contigo y motivarte a escribir las tuyas propias. Recuerda, mi historia es sólo un camino a través de innumerables posibilidades. No compares tu progreso con el mío ni con el de nadie. En lugar de eso, saborea las experiencias únicas que dan color y hacen especial a tu viaje. Déjate inspirar para explorar, experimentar y descubrir lo que realmente enciende tus pasiones.

Tómate tiempo para reflexionar, hacer una pausa y apreciar las pequeñas victorias, los desvíos inesperados y las lecciones aprendidas por el camino. Al fin y al cabo, a menudo son estos momentos, no sólo el destino final, que encierran el mayor significado. Así que relájate, respira y confía en el proceso.

Tu página de anécdotas. Ahora te toca a ti compartir una historia personal, un recuerdo divertido o una lección aprendida. Tus experiencias pueden inspirar y motivar a otros, recordándoles que cada vida tiene un valor único. Encuentra inspiración en las anécdotas personales proporcionadas y deja que enciendan tus reflexiones.

Mi oración para los lectores. Es mi súplica e intercesión que te acompañará en este camino, presentando una oración, una plegaria al TODOPODEROSO al final de cada mes en busca de guía, fortaleza, y bendición. Puedes utilizar esta bendición como fuente de inspiración para crear tu propia oración personalizada. Esta práctica puede ayudarte a profundizar en la conexión con tu fe y aportar una sensación de paz y propósito a tu vida memorable.

Tu Página de oración Escribe tu oración centrada en el tema de este mes. Dedica un momento cada día a dejar que hable tu corazón, expresando tu gratitud y buscando orientación para el futuro. Reflexiona sobre aquello por lo que estás agradecido y pide fuerza y sabiduría para navegar en los días venideros.

Para aprovechar al máximo esta experiencia, considera la posibilidad de incorporar algunos consejos prácticos a tu rutina de lectura. Empieza por reservar un tiempo cada día, semana o mes para profundizar en los capítulos.

Crea un espacio acogedor donde puedas reflexionar sin distracciones, permitiendo que las palabras resuenen con tus pensamientos. Coge un cuaderno -tu lienzo personal- en el que puedas plasmar tus reflexiones, anotar tus ideas y responder a las sugerencias para escribir un diario que encontrarás a lo largo del libro. Antes de zarpar, permíteme que aproveche esta oportunidad para agradecerte de todo corazón que hayas decidido embarcarte en esta experiencia. Es un privilegio tenerte en estas páginas, y espero que las siguientes palabras resuenen en ti, aportándote alegría, fuerza y autocuración. Que reconozcas la belleza de tu propia historia y reúnas la confianza necesaria para escribir los próximos capítulos mientras reflexionas y pasas a la acción. Recuerda que no estás sola mientras atraviesas los altibajos de esta aventura que te cambiará la vida; las palabras de estas páginas te sirven de compañía, y el viaje en sí es una experiencia compartida.

Enero - Capítulo 1
Identificar el propósito de la vida

¡Mantén el propósito todo el año!

En la quietud, encuentra tu llamado,

Una chispa interior, que lo abraza todo.

El propósito susurra, claro y verdadero,

Guiando cada paso que das,

Tus caminos se te alinean,

Busca la luz, abraza el fuego,

La pasión avivando tu deseo autentico.

En cada momento, cumple tu misión,

El propósito y significado de tu vida,

Encuentra tu lugar.

"Porque yo sé los planes que tengo para vosotros -declara el Señor-, planes de prosperarlos y no de perjudicaros, planes de daros esperanza y futuro ".

- Jeremías 29:11

"El propósito de la vida es creer, esperar y esforzarse".

-I. Gandhi

Reconoce que Dios ha dispuesto para ti una vida única y especial. Tu propósito ha sido prescrito en tu destino, y como ajustas tus actividades a esta disposición divina, te conviertes en colaborador dentro de la obra magna de tu existencia.

Recuerda que tu propósito de vida puede hacer florecer tu matrimonio, mantener unida a tu familia, impulsar una profesión, y construir un legado que refleje tus valores y tu carácter. Tu legado puede ser una historia interesante en espera de ser compuesta, y cada acción intencionada llega a ser un trazo dentro de tu legado.

"Encuentra consuelo en Sus planes de prosperidad, felicidad y alegría".

Deja que estas palabras sean un bálsamo tranquilizador mientras exploras los retos y triunfos de los próximos meses. La afirmación de los planes divinos importa un sentido de propósito a cada paso que das.

En medio del frío del primer mes, la ciudad de Nueva York se transforma en un paraíso invernal con fuertes tormentas de nieve y ventiscas. Mientras observamos cómo la ciudad se cubre con un manto de nieve, que sirva de belleza que puede surgir incluso de los tiempos más fríos.

Es momento de contar una historia

Mientras el sol se ponía sobre la soñolienta ciudad de Brookville, la cafetería local bullía con su habitual gentío nocturno. El local olía a hamburguesas, patatas fritas y café recién hecho. Emma estaba sentada en su mesa favorita, tomando una taza de café, con el portátil abierto, pero sin tocarlo. Miraba por la ventana, absorta en sus pensamientos, mientras su mente repasaba los acontecimientos del día.

Emma trabajaba como escritora autónoma y últimamente tenía la sensación de que se limitaba a hacer las cosas a la perfección. Escribía palabras en una pantalla, pero las sentía vacías. Le faltaba algo, un propósito que parecía eludirla.

"¿Te importa si me uno a ti?", una voz interrumpió sus pensamientos. Levantó la vista y vio a un hombre de unos treinta años con una sonrisa amable y un cuaderno en la mano.

"Claro", respondió Emma, agradecida por la distracción. "Soy Emma".

"Encantado de conocerte, Emma. Soy Jack", dijo, deslizándose en el asiento frente a ella. "¿Qué te trae por aquí esta noche?"

Emma se encogió de hombros. "Sólo intento hacer algo de trabajo, pero no me sale. ¿Y tú?"

Jack se rió. "Yo también vengo aquí a escribir. Hay algo en este lugar que me ayuda a pensar".

Charlaron durante un rato, intercambiando historias sobre sus luchas como escritores. Jack estaba trabajando en un libro sobre cómo encontrar el propósito en la vida, un tema que despertó inmediatamente el interés de Emma.

"¿Cómo se te ocurre?", preguntó ella, inclinándose hacia delante.

Jack sonrió. "Es diferente para cada persona, pero para mí empezó con unas simples preguntas. ¿Qué te apasiona? ¿Qué te hace sentir vivo? ¿Y cómo puedes utilizar eso para ayudar a los demás?".

Emma se quedó pensativa. "Me encanta escribir, pero últimamente tengo la sensación de que me limito a hacer lo mismo".

"Quizá necesites volver a conectar con la razón por la que empezaste a escribir en primer lugar", sugirió Jack. "¿Qué te inspiró entonces?"

Emma reflexionó sobre ello mientras sorbía su café. Recordaba la alegría que sentía escribiendo historias cuando era niña, la emoción de crear mundos y personajes que parecieran reales. En algún momento había perdido esa chispa.

"Tienes razón", dijo finalmente. "Necesito volver a encontrar esa pasión".

Jack asintió. "Es un viaje, y está bien sentirse perdido a veces. Lo importante es seguir buscando y estar abierto a nuevas experiencias".

Intercambiaron información de contacto antes de separarse, prometiendo mantenerse en contacto. Mientras Emma volvía a casa, sintió un rayo de esperanza. Quizá, sólo quizá, estaba en el camino de encontrar su propósito.

Durante las semanas siguientes, Emma y Jack se reunieron regularmente en la cafetería. Compartían sus escritos, se hacían comentarios y discutían sus ideas sobre el propósito de la vida. Emma se sintió inspirada por la dedicación y la pasión de Jack por ayudar a los demás. Una noche, mientras estaban sentados en su mesa habitual, Jack le entregó a Emma un libro desgastado. "Esto me ha ayudado mucho", le dijo. "Está lleno de ejercicios e indicaciones para ayudarte a averiguar lo que realmente quieres en la vida".

Emma cogió el libro, agradecida por la orientación. Pasó los días siguientes sumergiéndose en él, respondiendo a preguntas sobre sus sueños, valores y experiencias. A veces fue duro, pues la obligó a enfrentarse a partes de sí misma que había ignorado durante demasiado tiempo.

Una de las preguntas le pedía que escribiera sobre un momento en el que se sintiera realmente viva. Emma recordó un verano que pasó como voluntaria en un centro comunitario, enseñando a los niños a escribir cuentos. La alegría y el entusiasmo que mostraban habían sido contagiosa, y se dio cuenta de que ayudar a otros a descubrir su amor por la escritura la hacía sentirse más realizada que cualquier otra cosa.

Armada con esta nueva visión, Emma decidió dar un salto. Se puso en contacto con el centro comunitario y volvió a ofrecerse voluntaria. La recibieron con los brazos abiertos, y pronto estaba de vuelta en el aula, rodeada de jóvenes escritores ansiosos.

"¿Cómo va todo?" preguntó Jack una tarde mientras se sentaban a tomar su café habitual.

"Es increíble", dijo Emma, con los ojos brillantes. "Los niños son muy apasionados y me han recordado por qué me gusta escribir".

Jack sonrió. "Es estupendo oírlo. Parece que estás encontrando tu propósito".

Emma asintió. "Creo que sí. Ya no se trata sólo de escribir para mí. Se trata de compartir ese amor con los demás y ayudarles a encontrar su voz".

Mientras hablaban, Emma sintió una claridad que no había experimentado en años. Se dio cuenta de que su propósito no consistía sólo en escribir, sino en conectar con los demás y marcar la diferencia en sus vidas.

Pasaron los meses y Emma siguió trabajando como voluntaria en el centro comunitario, encontrando alegría y satisfacción en su trabajo. Ella y Jack siguieron siendo amigos íntimos, apoyándose mutuamente en sus respectivos viajes.

Un día, mientras estaban sentados en su cabina habitual, Jack compartió una noticia emocionante. "He terminado mi libro", dijo, radiante. "Se publicará el mes que viene".

"¡Es increíble, Jack!" exclamó Emma. "Estoy deseando leer De ella".

Jack le entregó una copia del manuscrito. "Me encantaría conocer tu opinión".

Emma pasó los días siguientes absorta en el libro de Jack. Era una exploración sincera y perspicaz de la búsqueda del propio propósito, llena de historias personales y consejos prácticos. Se sintió orgullosa de su amigo y agradecida por el impacto que había tenido en su propio viaje.

Al llegar al último capítulo, Emma se dio cuenta de algo importante. Encontrar el propósito de uno mismo no era un destino, sino un viaje continuo. Se trataba de ser fiel a uno mismo, aceptar nuevas experiencias y estar abierto al cambio.

Pensó en los niños del centro comunitario, en las historias que escribían y en los sueños que compartían. Pensó en Jack y en las conversaciones que la habían guiado de vuelta a su pasión. Se dio cuenta de que su propósito evolucionaba constantemente, moldeado por las personas que conocía y las experiencias que vivía. Emma cerró el libro, sintiendo paz y determinación. Sabía que aún tenía mucho que aprender y muchas más aventuras por delante, pero estaba preparada para ellas. Estaba dispuesta a abrazar su viaje y a ayudar a los demás a hacer lo mismo.

Mientras se dirigía a la cafetería para su próxima reunión con Jack, Emma sintió un renovado propósito. No era sólo una escritora; Era una mentora, una amiga y una guía. Y eso marcó la diferencia.

La búsqueda del propósito de tu vida no es una carga, sino una bendición a tener en cuenta. Es una oportunidad de contribuir genuinamente al mundo, dejando una marca eterna en tu existencia. Mientras exploras los retos y los triunfos, valora el viaje, pues cada paso podría ser una aparición de tu propósito divino.

En el vasto lapso de nuestras vidas, hay una chispa especial dentro de cada uno de nosotros: un propósito entretejido en el núcleo mismo de nuestro ser por un poder superior. Te espera un viaje para reconocer esta chispa, de modo que comprendas tu propósito y veas cómo conectar con él puede aportarte realización personal e impacto positivo.

¿Alguna vez te has encontrado de pie en una bulliciosa calle de la ciudad o sentado en el trabajo y has pensado: *"¿Qué estoy haciendo aquí?* Es una pregunta que se nos pasa por la cabeza innumerables veces, como un persistente regaño de que debe haber algo más en la vida que la rutina diaria. Este sentimiento nos retrotrae a nuestra infancia, una época en la que los sueños no tenían límites y el futuro parecía lleno de infinitas posibilidades. ¿Recuerdas cuando veías a los niños construir castillos de arena en la playa? Sus pequeñas manos esculpen cuidadosamente, creando elaborados edificios y fosos de fantasía. Posteriormente, una ola se desploma, borrando su obra. Aunque sollozan brevemente, retoman el trabajo donde lo dejaron y vuelven a empezar con la misma inventiva y tenacidad.

En cierto sentido, éste es el camino de la vida. Construimos nuestras esperanzas, objetivos y sueños sólo para verlos frustrados o incluso destruidos. Pero es precisamente en este ciclo de crear, destruir y reconstruir donde a menudo nos enfrentamos a la pregunta más profunda "¿Cuál es mi propósito?" Es una pregunta que de vez en cuando ruge ante trastornos imprevistos y susurra en nuestra mente en los momentos de tranquilidad. ¿Qué camino es el correcto? He llegado a comprender que el verdadero camino es el del amor y la paz; por tanto, necesitamos explorar el propósito de nuestra vida con el corazón abierto.

Éste es el trato: puede que no tenga todas las respuestas, pero estoy más que dispuesta a emprender esta búsqueda contigo. Indaguemos juntos en la cuestión del propósito de la vida, compartamos nuestras experiencias y tal vez descubramos algunas piezas del puzzle que encajen perfectamente con nosotros por el camino.

Los propósitos de Año Nuevo son un poderoso punto de partida. Encienden una chispa en nuestro interior, un deseo de crecer y descubrirnos a nosotros mismos. Nos recuerdan que poseemos la capacidad de forjar nuestros destinos y convertirnos en los arquitectos de nuestras vidas. Sin embargo, no basta con plantar la semilla. Tienes que cuidar de ella regándola a diario y asegurándote de que recibe la cantidad adecuada de luz solar. Permíteme compartir una anécdota personal sobre cómo cumplí mis propósitos de Año Nuevo. El año pasado, me propuse la misión individual de abordar el control de la tecnología. Mi objetivo era básico, aunque impactante. Poco sabía que este cambio no sólo enriquecería mis interacciones, sino que también me haría sentir más realizada. Indagué en el mundo de las aplicaciones, buscando herramientas que añadieran un toque de creatividad a mis saludos diarios. Fue entonces cuando di con Canva, una plataforma de diseño flexible que se convirtió en mi lienzo avanzado para crear mensajes visualmente atractivos. La sencillez de arrastrar y soltar de Canva transformó mis felicitaciones diarias en expresiones dinámicas de calidez y positividad.

Pero mi investigación no se detuvo ahí. Cautivada por la naturaleza energética de la comunicación, opté por centrarme en TikTok, una red social conocida por sus innovadoras grabaciones cortas. Parecía una elección poco convencional para mis saludos matutinos, pero vi el potencial de infundir una nueva energía a mis mensajes.

Al explorar Tiktok, descubrí formas imaginativas de comunicar mis deseos matutinos. Desde movimientos alegres hasta cerraduras en los canales, la red anunciaba un montón de aparatos para dar vida a mi bienvenida. Llegó a ser un experimento delicioso, que mezclaba la innovación con un toque individual.

A lo largo del año, envié a mi comunidad estos saludos matutinos llenos de tecnología. Las reacciones fueron agradables: sonrisas, risitas y un sentimiento compartido de asociación. No se trataba de la innovación, sino de utilizar estos aparatos para difundir la inspiración y crear minutos de felicidad en las vidas de quienes me rodeaban. A medida que transcurría el año, me di cuenta del importante efecto de este logro aparentemente pequeño. Más allá de las habilidades técnicas adquiridas, sentí una sensación de eficacia que iba más allá de las medidas ordinarias. No se trataba de tachar recados en una lista de tareas pendientes; se trataba de utilizar la innovación como conducto para crear verdaderas asociaciones y alegrar el día a alguien.

Semana 1: Escudriñar la presencia Divina interior: Manifestar tu ser espiritual

¿Has sentido alguna vez un profundo anhelo interior, como si la vida fuera más de lo que parece? Ése es el eco de tu esencia divina, el propósito único inculcado en ti. Es una llama que espera ser avivada, una obra maestra que espera ser creada.

Conectar con este propósito no consiste sólo en la realización personal, aunque sin duda la aporta. Se trata de aportar algo especial al mundo, un efecto dominó que difunde alegría, inspiración y cambio positivo. Conectar con nuestro propósito divino no consiste en lograr una validación externa ni en perseguir elogios. Se trata de desenterrar los dones y talentos únicos que llevamos dentro y utilizarlos para hacer del mundo un lugar mejor. Este camino pavimentado con compasión, creatividad y servicio enriquece nuestras propias vidas y contribuye a un bien mayor. Pero, ¿cómo descubres este tesoro oculto dentro de ti? Aquí tienes algunos ejercicios de reflexión que te ayudarán en tu apasionante viaje:

1. Susurros del alma

Tómate un tiempo tranquilo en la naturaleza, lejos de las distracciones.

Cierra los ojos, respira profundamente y pregúntate a ti mismo

- ¿Qué actividades me aportan una sensación de paz y propósito?
- ¿Qué injusticias encienden mi pasión para luchar por el cambio?
- ¿Qué habilidades y talentos poseo que puedan elevar a los demás?

Anota los pensamientos y sentimientos que surjan, por ordinarios o extraordinarios que parezcan.

2. Reconocer patrones

Echa la vista atrás en la trayectoria de tu vida. ¿Cuáles fueron los momentos cruciales de crecimiento, los logros que te aportaron una inmensa satisfacción, o instancias en las que te sentiste atraído a ayudar a los demás de una manera específica? Estas experiencias a menudo contienen pistas sobre tu propósito.

3. Brújula de valores

Identifica tus valores fundamentales y los principios que realmente te importan. ¿Te mueve la compasión, la creatividad, la justicia o algo totalmente distinto? Comprender tus valores te ayuda a alinear tus acciones con tu propósito.

3. Enciende conversaciones

Habla con individuos que te inspiren, personas que parezcan irradiar su luz única. Pregúntales sobre su viaje de propósito y qué ideas pueden ofrecerte.

4. Inventario de Pasiones

Enumera las actividades que encienden en ti un sentimiento de pasión y entusiasmo. ¿Cuáles son las actividades que hacen que el tiempo vuele y te hacen sentir vigorizado? Estas pasiones podrían ser puertas de acceso a tu propósito.

5. Exploración creativa

Participa en actividades que despierten la creatividad, ya sea escribir, pintar, tocar música o simplemente pasar tiempo en la naturaleza. A menudo, la expresión creativa puede tender un puente entre lo consciente y lo inconsciente, revelando aspectos ocultos de tu propósito.

6. El efecto dominó

Ve a lanzar un guijarro a un estanque tranquilo, o simplemente imagina que lo haces. ¿Ves que las ondas se extienden hacia fuera, tocando cada parte de la superficie del agua?

Ahora, imagínate como el guijarro. ¿Cómo pueden tus acciones, grandes o pequeñas, crear ondas positivas en tu comunidad o en el mundo? Escribe las formas en que puedes utilizar tus talentos y pasiones únicos para crear un impacto positivo, incluso en formas aparentemente pequeñas.

7. Gratitud y reflexión

Cada día, reserva un tiempo para pensar en tus bendiciones. ¿Qué acontecimientos de la vida te han moldeado? ¿En quién te has inspirado? ¿Qué has descubierto hasta ahora en tu viaje? Te vuelves más consciente de la chispa sagrada que reside en ti y de los innumerables beneficios que ha traído a tu vida cuando muestras gratitud.

Recuerda que se trata de una exploración continua, no de un descubrimiento puntual. En tu viaje hacia el interior, confía en tu intuición, abraza el proceso y celebra las pequeñas victorias del camino. Al alimentar tu chispa divina, contribuyes no sólo a tu propia realización, sino también a un mundo más brillante y hermoso. Este reconocimiento no consiste en crear un plan elaborado, sino en aceptar la idea de que cada uno de nosotros tiene un propósito único. Es la comprensión de que hay algo más en nuestro viaje que las tareas y responsabilidades cotidianas, una llamada superior que espera ser reconocida.

Semana 2: Hacer del año nuevo una plataforma de lanzamiento para el propósito de tu vida

El nuevo año llegó lleno de susurros de cambio y potencial. Como semillas plantadas en tierra fértil, los propósitos tienen el poder de florecer en una versión transformada de nosotros mismos. Es costumbre en muchas naciones hacer un propósito de Año Nuevo por el que las personas prometen mantener hábitos positivos, alterar un rasgo indeseable, alcanzar un objetivo concreto o pasar página a principios de año. Después de reconocer tu propósito en la tierra y en el cielo, toma la resolución de hacerlo valer. La verdadera pregunta es, ¿cómo podemos asegurarnos de que estas intenciones no se marchiten bajo la presión de la vida cotidiana?

Pasar de la resolución a la llamada: Adoptar objetivos con un propósito

La verdadera transformación consiste en salvar la distancia entre los propósitos vacíos y la acción decidida. Cuando alineamos nuestros objetivos con nuestra vocación, surge un sentido más profundo de significado y motivación. Nuestra vocación, nuestras pasiones inherentes y nuestras aspiraciones son las guías hacia una vida plena.

Plantar semillas de propósito

He aquí algunos pasos para elaborar propósitos arraigados en tu propósito, que allanen el camino hacia el compromiso y el logro:

1. **Reflexión profunda:** Empieza por hacer una introspección. ¿Qué es lo que realmente enciende tu alma? ¿Qué valores aprecias? ¿Qué impacto quieres tener en el mundo? Desenterrar tu propósito proporciona el terreno fértil para que florezcan tus propósitos.

2. **La precision es la clave:** en lugar de pronunciamientos vagos como "estar más sano", elabora objetivos específicos, medibles, alcanzables, relevantes y sujetos a un plazo (SMART). Por ejemplo, en lugar de proponerte mejorar tu salud, proponte dar 5.000 pasos cada día o dedicar 30 minutos diarios a la meditación.

3. **Plan de acción a la vista:** Divide tus objetivos en pasos más pequeños y factibles. Esto crea una hoja de ruta, haciendo que el viaje resulte menos desalentador y más manejable.

4. **Acepta la responsabilidad:** Comparte tus objetivos con amigos o familiares de confianza. Busca el apoyo de las

comunidades asociadas a tu propósito. Saber que otros creen en ti puede ser un poderoso motivador.

Ejemplos de propósitos guiados por un propósito

Fortalecer las relaciones: Escucha activamente a tus seres queridos y dedica tiempo de calidad a cultivar conexiones más profundas. Esto sirve a un propósito centrado en el amor, la empatía y las experiencias compartidas. Haz voluntariado en tu comunidad para construir conexiones significativas con los demás.

Construir un legado: Hay muchas formas de hacerlo. Por ejemplo, podrías escribir un libro o crear un podcast para compartir tus conocimientos y experiencias. De ese modo, puedes orientar y entrenar a otros, capacitando a las siguientes generaciones. Construir legados es una extensión de un propósito centrado en preservar y compartir la sabiduría y los valores.

Servir a los demás: Dedica un número determinado de horas/días al servicio voluntario para una causa que te interese. Puede ser donando recursos o habilidades para ayudar a los necesitados, como los desfavorecidos, los discapacitados o los huérfanos. Servir a los demás resuena con un propósito centrado en la compasión y el impacto positivo en el mundo.

El año nuevo no sólo trae un nuevo calendario; es una invitación a la transformación. Utiliza el poder de los propósitos como catalizador, asegurándote de alinearlos con tu propósito para que puedas crear un cambio duradero en el mundo. Permíteme compartir un vistazo al día que cambió la vida de esta joven pareja.

El aire fresco de enero se arremolinaba alrededor de Chelli y Christian mientras paseaban por Central Park, con el gorjeo musical de los pájaros como contrapunto constante a su conversación. El año acababa de empezar, trayendo consigo el inevitable murmullo de los propósitos.

"Ha pasado otro año... Ha llegado otro año y todos los años siento que me hago los mismos propósitos", suspiró Chelli, pateando una piedrecita perdida.

"Estar sano, comer mejor, ser más productivo. Todo suena tan... ordinario".

Christian soltó una risita, y su cálido aliento formó una nube en el aire frío. "Quizá no se trate de los propósitos en sí, Chelli, sino del propósito que hay detrás de ellos. ¿Qué quieres conseguir realmente este año? Chelli se detuvo, con la mirada fija en el horizonte, donde el sol se sumergía bajo el mar, pintando el cielo de tonos anaranjados y rosados. "Quiero conectar más con la gente a la que quiero", admitió suavemente. "Siento que últimamente he estado tan centrada en el trabajo que he descuidado las relaciones que de verdad importan".

Christian le apretó suavemente la mano. "Es una resolución preciosa, Chelli. Créeme, los propósitos no siempre tienen que ser grandes gestos. A veces, pueden consistir simplemente en hacer tiempo para llamar regularmente por teléfono a tus seres queridos, planear noches de cine con los amigos, o incluso simplemente mantener conversaciones profundas sin distracciones". Una sonrisa se dibujó en los labios de Chelli. "Tienes razón. A veces, las cosas más sencillas son las más significativas".

"Hablando de propósitos -continuó Christian, y su voz adquirió un tono reflexivo-, he estado pensando en dejar un legado este año. No sólo uno material, sino algo que inspire a los demás".

Los ojos de Chelli se abrieron de par en par con curiosidad. "¿Qué tenías pensado?"

Christian sacó un pequeño cuaderno de su bolsillo. "Voy a empezar a ser mentor de jóvenes estudiantes interesados en dedicarse a la ciencia, como yo. Compartiré mis conocimientos, les guiaré en sus retos y, con suerte, despertaré en ellos la pasión por el descubrimiento". Una oleada de admiración inundó a Chelli. "¡Christian, es increíble! Tienes mucho que ofrecer, y no se me ocurre una forma más satisfactoria de dejar huella en el mundo". Permanecieron allí un rato más, con el sol poniente proyectando un cálido resplandor sobre sus rostros. "Este año - dijo Chelli con determinación- no me limitaré a hacer propósitos. Haré que valgan la pena. Y quizá también inspire a otros por el camino". Christian sonrió, con los ojos arrugados en las comisuras. "Juntos, entonces", respondió, y su voz se hizo eco de la promesa de un año lleno de propósitos, conexiones y el zumbido silencioso de los sueños compartidos.

Semana 3: Del propósito a la llamada: Navegando por la vida con sentido

¿Has soñado alguna vez con una vida llena de sentido y propósito, sólo para encontrarte atrapado en la rutina diaria? No estás solo. Muchos de nosotros lidiamos con la frustrante brecha entre aspiración y acción. Pero, ¡no te preocupes! Aquí tienes algunas formas prácticas de infundir tu propósito en tu vida diaria:

1. Empieza poco a poco, empieza con inteligencia

La psicóloga y autora Kelly McGonigal hace hincapié en el poder de los objetivos pequeños y alcanzables en su libro *El instinto de la fuerza de voluntad*. En lugar de proponerte una revisión completa de tu estilo de vida (que a menudo conduce al agotamiento), empieza con microcambios. Por ejemplo, hazte voluntario en un refugio de animales durante una hora a la semana o dedica 15 minutos diarios a aprender una nueva habilidad relacionada con tu propósito. Estas pequeñas acciones se acumulan con el tiempo, fomentando la sensación de progreso y la motivación.

2. La gratitud es tu superpoder

Las investigaciones de Robert Emmons demuestran que practicar la gratitud puede influir significativamente en tu bienestar y motivación. Empieza un diario de gratitud, anotando tres cosas por las que estés agradecido cada día, o prueba una meditación de gratitud, reflexionando sobre los aspectos positivos de tu vida. Puede ser cualquier cosa, desde una taza de café humeante hasta las risas compartidas con tus seres queridos. Al reconocer lo bueno de tu vida, te sentirás más positivo y con más energía para perseguir tu propósito.

3. Encuentra tu tribu

Los humanos somos criaturas sociales, y conectar con personas de ideas afines puede ser decisivo para mantener tu chispa. Como sugiere Brene Brown, renombrada investigadora sobre vulnerabilidad y conexión,

"La conexión es la energía que se crea entre las personas cuando se sienten vistas, escuchadas y valoradas; cuando pueden dar y recibir sin ser juzgadas".

Únete a un grupo de apoyo, participa en comunidades online o encuentra un mentor relacionado con tu propósito. El estímulo y las experiencias compartidas dentro de estos grupos pueden proporcionar un impulso inestimable y mantenerte responsable en tu camino.

4. Superar los retos

El camino hacia el objetivo no suele ser fácil: los contratiempos y los retos son inevitables. Acéptalos como oportunidades para aprender, adaptarte y perfeccionar tu enfoque. Recuerda que la resiliencia es la clave para alcanzar tus objetivos.

5. Reaviva tu pasión

Encontrar y mantener un propósito es un viaje continuo. Habrá momentos en los que tu chispa inicial se desvanezca. En esos momentos, vuelve a conectar con tus valores fundamentales y el "por qué" de lo que persigues. Participa en actividades que reaviven tu pasión, ya sea volver a visitar una fuente de inspiración o pasar tiempo con alguien que defienda tus sueños.

Recuerda que integrar el propósito en tu vida es un viaje continuo, no un destino. Habrá obstáculos y luchas, pero incorporando estas estrategias respaldadas por la investigación, podrás equiparte con las herramientas y el apoyo necesarios para convertir las aspiraciones en acciones tangibles.

Estrategias prácticas para integrar tu propósito

1. **Reflexión diaria sobre tu propósito:** Dedica unos momentos cada día a reflexionar sobre cómo tus acciones se alinean con tu propósito. Esta práctica diaria refuerza la conexión entre tus aspiraciones y tus experiencias vividas.

2. **Diario de gratitud:** Lleva regularmente un diario sobre los momentos en los que has sentido un profundo sentido de propósito. Esta práctica no sólo solidifica tu compromiso, sino que también sirve como fuente de inspiración en los momentos difíciles.

3. **Conexión con la comunidad:** Únete o crea una comunidad de personas que compartan propósitos similares. Participa en conversaciones, busca consejo y ofrece apoyo. La energía colectiva de una comunidad impulsada por un propósito puede ser un poderoso motivador.

4. **Afirmaciones diarias:** Empieza el día afirmando tu propósito divino. Di palabras de aliento y alineación con tus aspiraciones, estableciendo un tono positivo para las horas que tienes por delante.

5. **Estableciendo metas intencionadas:** Divide los objetivos vitales generales en pasos más pequeños y manejables. Al establecer intenciones diarias, semanales o mensuales que se alineen con tu propósito, creas una hoja de ruta para el progreso continuo.

6. **Elección intencional:** Antes de tomar decisiones, ya sean grandes o pequeñas, reflexiona sobre cómo se alinean con tu propósito. Esta práctica infunde un sentido de atención plena, garantizando que tus acciones resuenen con tu vocación más profunda.

Dominar el viaje: Desarrollar la resiliencia para superar los retos

Cambios de mentalidad: No veas los retos como obstáculos, sino como oportunidades de crecimiento. Cada obstáculo es una oportunidad para aprender, adaptarte y perfeccionar tu enfoque, acercándote a la realización de tu propósito.

Planificación adaptativa: Sé flexible en tus estrategias. La vida es dinámica y las circunstancias pueden cambiar. Adapta tus planes manteniéndote fiel a tu propósito, lo que te permitirá resistir ante retos inesperados.

Buscar apoyo: Conecta con personas o comunidades afines que compartan propósitos similares. Comparte tus retos y triunfos, fomentando un sentimiento de camaradería que alimente la motivación colectiva.

Mantener la motivación: Estrategias para un éxito sostenido

Prácticas de gratitud: Expresa gratitud regularmente por la unión de tus acciones con tu propósito. La gratitud actúa como un poderoso motivador, recordándote el impacto significativo que estás teniendo.

Visualizar el éxito: Crea una imagen mental de ti mismo viviendo alineado con tu propósito. La visualización puede ser un potente motivador, reforzando la conexión entre tus acciones y el cumplimiento de tus aspiraciones.

Celebra los hitos: Reconoce y celebra cada pequeña victoria a lo largo del camino. Cada logro, por modesto que sea, es un testimonio de tu compromiso y de tu progreso hacia la realización personal.

Expresar gratitud por tu viaje

Mientras convertimos lentamente nuestros sueños en acción, permíteme expresar mi gratitud por tu compromiso con esta transformación. Tu compromiso de vivir tu propósito es testigo de tu fuerza interior y de tu resistencia.

Deja que las ideas y los pasos prácticos esbozados en esta sección te guíen en tu camino hacia el éxito personal. Con gratitud y esperanza, continuemos juntos el viaje hacia esta meta, donde cada paso es una expresión de tu voluntad, y el objetivo de la puesta en práctica es una prueba del poder de cambio que llevas dentro.

Semana 4: Reconocimiento y reflexión: Honrar el viaje y las percepciones

Párate un minuto y disfruta del brillo de tus logros. Celebrar los puntos de referencia no es una expresión feliz; es un ángulo crucial de los viajes impulsados por un propósito. Reconocer los avances que has conseguido refuerza tu compromiso, aumenta la inspiración y te proporciona un merecido minuto de reflexión.

Naturaleza persistente del crecimiento personal

El desarrollo personal no es una meta, sino un viaje perpetuo. Mientras vives en acuerdo con tu razón divina, reconoce que cada paso dado, cada reto superado, contribuye a un asidero continuo de llegar a ser. Asimila la naturaleza energética de tu viaje, invitando a las lecciones y experiencias que acompañan al crecimiento incesante.

Reflexión y ajuste continuo

En la vacilante corriente de la vida, la reflexión se convierte en una brújula que dirige tus actividades. Detente rutinariamente para examinar tu disposición junto con tu razón. ¿Hay trozos de conocimiento sin utilizar que te estén marcando el camino? Capta la artesanía de la alteración, permitiendo que tu viaje impulsado por el propósito avance de forma natural a medida que aprendes, reflexionas y te ajustas.

Efecto dominó positivo

Vivir conforme a tu propósito no sólo amplifica tu realización, sino que también produce un impacto positivo que afecta a las vidas de quienes te rodean, incluidos tu familia, tu comunidad y el mundo. Tu compromiso con una vida orientada a los objetivos se convierte en una guía que anima a otros a emprender sus propios viajes transformadores.

1. **Vínculos familiares:** Vivir de acuerdo a tu propósito desarrolla asociaciones dentro de tu familia. Tu autenticidad y realización motivan un ambiente positivo, cultivando la comprensión, la simpatía y los valores compartidos.

2. **Efecto comunitario:** Ya sea mediante el voluntariado, la tutoría o esencialmente personificando tus valores, debes contribuir al bienestar colectivo de las personas que te rodean.
3. **Impacto mundial:** A medida que la gente dentro de las comunidades comprende la vida con propósito, el efecto colectivo resuena universalmente. Tu viaje se convierte en una parte de un relato mayor, donde el cambio positivo y la plenitud se expanden a través de la obra de arte interconectada de la humanidad.

Comunicar el aprecio por los logros:

Antes de seguir adelante, permíteme expresar mi agradecimiento por tu compromiso de celebrar el primer paso hacia tu éxito. Reconocer los puntos de inflexión puede ser una confirmación de tu atención y flexibilidad. Al reflexionar sobre tus logros, que descubras la felicidad en el reconocimiento de tu desarrollo y tu vida intencionada.

Apoyo a la reflexión continua:

En la obra de arte bordada de tu vida, la reflexión es la cuerda que teje el sentido de tus encuentros. Procede a encerrarte en una reflexión continua, haciéndote preguntas como las siguientes

- ¿Cómo he evolucionado desde que empecé este viaje?
- ¿Qué conocimientos no utilizados han surgido?
- ¿De qué manera mis actividades han afectado enfáticamente a los demás?

Permite que estas reflexiones dirijan tus alteraciones y aconsejen los siguientes pasos en tu evolución impulsada por el propósito.

Un día para alegrarse

Cuando entres en cada día, ten presente que puede ser un día que tu Rey Divino ha hecho especialmente para ti. Deja que el agradecimiento sea la melodía que acompaña tu viaje, y alégrate por las bendiciones que se despliegan con cada minuto que pasa. El acto de celebrar es un reconocimiento del propósito de la vida.

Mi anécdota personal

Para mí, identificar el propósito de mi vida significa empezar el año lleno de sentido y propósito. Éstos son algunos de mis propósitos de Año Nuevo para este año.

La aceptación es el primer paso crucial para mí este año. Aceptar quién soy, reconocer mis puntos fuertes y débiles, y mantener la mente abierta a la idea de que mi vida tiene un propósito único. Sigo trabajando para liberarme de las presiones sociales y las dudas internas que la vida me plantea constantemente, permitiéndome creer que puedo encontrar y cumplir mi propósito incluso ahora que estoy jubilada y mis hijas han crecido.

Este año continuaré mi exploración personal, lo que implica profundizar en mis intereses, pasiones, valores y talentos. Puede consistir en ser curiosa y abierta de mente, probar nuevas actividades y buscar experiencias que resuenen conmigo a mi edad y en mi etapa de la vida. Crear es transformar mi visión en realidad. Por tanto, estoy dispuesta a seguir siendo innovadora, utilizando técnicas de resolución de problemas y expresando mis talentos únicos y habilidades de forma que contribuyan al propósito de mi vida. Puede ser a través del arte, la escritura, la oratoria, la creación de una empresa o cualquier otra forma de expresión creativa que esté en consonancia con mis objetivos.

La reflexión es una parte crucial de mi viaje. Suelo dedicar tiempo a la introspección, a evaluar mis progresos y a realinear mis acciones con mi propósito. Esta reflexión me ayuda a mantenerme conectada con mi yo interior y garantiza que mis esfuerzos sigan teniendo un propósito y un significado.

Reconocer consiste en evaluar mis progresos y logros, por pequeños que sean. Implica celebrar mis éxitos y aprender de mis reveses. También significa apreciar el apoyo y las contribuciones de otras personas que me ayudan en el camino.

¡Estoy haciendo que cuente mi propósito!

Escribe aquí tu anécdota personal.

Bendición para el lector

Querido Padre Celestial,

Vengo ante Ti con el corazón lleno de esperanza y en busca de guía.

Elevo a los que buscan un propósito y un sentido a sus vidas. Concédeles claridad de mente, sabiduría y discernimiento para reconocer el camino que Tú has puesto ante ellos.

Guíales por el camino del autodescubrimiento, ayudándoles a descubrir sus dones, pasiones y talentos únicos. Muéstrales cómo pueden utilizar estos dones para servir a los demás y dar gloria a Tu nombre. Llena sus corazones de valor y perseverancia, Señor, mientras emprenden este viaje con un propósito. Fortalece su fe y su confianza en Ti, sabiendo que tienes un plan y un propósito para cada una de sus vidas.

Que encuentren la plenitud y la alegría de alinear sus vidas con Tu voluntad, Señor, y que experimenten la vida abundante que has prometido a los que Te buscan.

¡Gracias! Oh Señor, por otro año lleno de nuevos comienzos para mis lectores. ¡Gracias por los dones que nos has concedido! Gracias por el año anterior y por la oportunidad de entrar en el nuevo año en Tu presencia, guía y paz. Te ruego que fortalezcas a los lectores que tomaron la iniciativa de permanecer en el camino en el que Tú les has puesto y que les prosperes en el nuevo año.

En tu santo nombre, Jesús, te lo pedimos. Amén.

Escribe aquí tu propia oración.

Querido señor

Feliz Año Nuevo

Febrero - Capítulo 2
Corazón feliz

Haz que valga la pena todo el año,
¡Llénate de amor!
En el abrazo del amor,
Nuestros espíritus se elevan,
Una alegría poderosa, pura y segura.
Con familia y amigos a nuestro lado,
En la felicidad, todos residimos.
Juntos, corazones unidos,
Compartimos una vibrante armonía.
A través de la risa,
Y las lágrimas y todos nuestros días,
Su amor nos guía en nuestros caminos.

"El amor es paciente y bondadoso; el amor no envidia ni se jacta; no es arrogante ni grosero. No insiste en salirse con la suya; no es irritable ni rencoroso; no se alegra del mal, sino que se alegra con la verdad. El amor todo lo soporta, todo lo cree, todo lo espera, todo lo soporta".

-1 Corintios 13:4-7

"Donde hay amor, hay vida".

- M. Gandhi

"El amor siempre se concede como un don: libre, voluntariamente y sin expectativas".

- L. Buscagalia

El amor está en el aire... ¡y en el calendario!

Ah, ¡febrero! El mes en que el tiempo de Nueva York cambia constantemente, pasando del frío intenso y las fuertes nevadas a días inusualmente cálidos. Durante este mes, los neoyorquinos experimentan desde ventiscas hasta temperaturas primaverales en el lapso de unos pocos días.

Es momento de contar una historia

Joy: "Mamá, últimamente pienso mucho en encontrar el amor".

Chesca: "Oh, cariño, el amor es algo especial. Es como encontrar una gema preciosa en un vasto océano. Tienes que ser paciente y abrirte al viaje".

Joy: "¿Pero cómo sabré cuándo lo he encontrado?"

Chesca: "El amor no es sólo un sentimiento, es una conexión que resuena en lo más profundo de ti.

"Cuando encuentres a alguien que te haga sentir valorado, apoyado y apreciado, entonces lo sabrás".

Alegría: "Espero encontrarlo algún día".

Chesca: "Lo harás, querida. Sólo confía en ti misma y en el viaje".

Semana 1: Bienvenido amor: Abrazar el viaje de la conexión

En esencia, el amor es paciente y amable. El amor prioriza la comprensión y la compasión sobre las reacciones impulsivas. El amor provee un espacio seguro para el crecimiento y la vulnerabilidad. Este amor que hoy te recuerdo es amable y no cede el paso a la falta de envidia o jactancia. El verdadero amor celebra los puntos fuertes y las alegrías de los demás sin tratar de disminuirlos en beneficio propio.

El amor también es humildad. No es arrogante ni grosero, sino que muestra respeto y consideración hacia los demás. No insiste en salirse siempre con la suya, sino que busca el compromiso y la comprensión. El amor evita la irritabilidad y el resentimiento, eligiendo el perdón y la paciencia incluso en situaciones difíciles. Además, el amor no encuentra placer en hacer el mal. Celebra la verdad, la honradez y la integridad. Crea una base de confianza y fomenta el crecimiento hacia el bien. El versículo va aún más allá. El amor tiene una increíble capacidad de resistencia. Lo soporta todo, soporta todas las dificultades y nunca abandona a alguien a quien aprecia. Confía en el potencial de bien de los demás, incluso cuando se enfrentan a defectos y carencias. Se aferra a la esperanza, incluso en los momentos más oscuros. En esencia, este versículo describe el amor como una poderosa fuerza para el bien. Es un amor activo, desinteresado y duradero. EL amor eleva, anima y crea un espacio seguro para el crecimiento y la conexión de todos por igual.

Amor: una palabra de cuatro letras con el peso de innumerables historias, promesas susurradas e incluso sueños rotos. En un mundo que nos bombardea con conexiones fugaces y afecto pixelado, a menudo me encuentro cuestionando su verdadero significado. ¿Tiene el amor el mismo peso que tenía antes, o se ha convertido en una víctima del paisaje acelerado y siempre cambiante en el que vivimos?

El deslizamiento a la derecha, el ghosting y el bombardeo constante de relaciones "perfectas" en las redes sociales me hacen preguntarme si la conexión auténtica se ha convertido en un arte perdido. ¿Es el amor simplemente un subidón de dopamina alimentado por personas online cuidadosamente seleccionadas, o hay algo más? Creo que a pesar de todas las definiciones siempre cambiantes de esta simple palabra, el amor sigue teniendo el poder de transformar las vidas, nuestra vidas. Es la mano que te tiende para levantarte cuando tropiezas, la voz que te susurra aliento cuando te asaltan las dudas. Es la vulnerabilidad de compartir tus miedos más profundos con alguien que elige ver tu fuerza, no tus defectos.

El amor es un sentimiento fuerte y constante de afecto y dedicación hacia el otro. Es el acto de cuidar y dar a otra persona. Es el acto de dar prioridad en tu vida a los intereses y al bienestar de otra persona. En una palabra, el amor es realmente desinteresado.

El amor es como ese jersey supercómodo que atesoras: es cálido y difuso y te hace feliz por dentro. Pero el amor no son sólo sentimientos. También puede ser **compasión**, como entender por qué tu amigo está malhumorado. O **aprecio** por ese amigo que siempre te hace reír. **La aceptación** es una especie de compañera del amor, en la que ves a alguien tal como es, con sus rarezas y todo. ¿Y **el** amor **incondicional**? Ése es el gran kahuna: el amor que se queda a tu lado pase lo que pase. Así que el amor son las pequeñas cosas, las grandes cosas y todo lo demás que hace que te sientas unido a alguien y que te importe, pase lo que pase.

Encontrar el amor en el mundo actual puede requerir navegar por un laberinto de distracciones y conexiones superficiales. Pero cuando decidimos ver más allá de las fachadas y apostar por momentos de conexión auténticos, nos abrimos a la posibilidad de algo extraordinario. El amor, en su forma más pura, trasciende las modas y las presiones sociales. Es una mezcla de vulnerabilidad, comprensión y compromiso para crecer juntos, incluso cuando parece que el mundo gira demasiado rápido.

Quizá el verdadero significado del amor en nuestro mundo moderno resida en su capacidad para labrarse un espacio de autenticidad en medio del caos. Es una elección consciente de aferrarse a las cosas que importan, de alimentar conexiones auténticas y de creer que, incluso en un mundo obsesionado por la gratificación instantánea, el amor, en todo su hermoso desorden, sigue teniendo el poder de cambiar nuestras vidas.

¿Has oído decir que el amor es poderoso? Déjame decirte que es totalmente cierto. El amor tiene una forma realmente poderosa de hacernos ver el arco iris incluso a través de las nubes oscuras. En momentos en los que sientes que todo va mal, el amor puede ser una fuente de inmensa fuerza y apoyo, levantándote el ánimo y tratando de alejar las tensiones de la vida. Cuando te sientes querido y apreciado, eso puede enriquecer verdaderamente tu vida y llenarla de un sentido de finalidad y plenitud. Es una fuerza poderosa que puede aportar una inmensa alegría y felicidad. Antes de que empieces a criticarme por vivir en una fantasía, déjame explicarte que el amor no sólo mejora tu vida. Tiene una gran influencia en tu salud, que se extiende a los mecanismos biológicos del organismo. Las interacciones sociales positivas, el afecto y el apoyo emocional se han relacionado con la reducción de los niveles de estrés, la disminución de la tensión arterial y la mejora de la función del sistema inmunitario.

¿Cómo identificar el amor verdadero?

Aquí tienes un desglose de cómo encontrarlo si has conocido a la persona con la que congenias:

Te sientes seguro con ellos: El amor verdadero fomenta una sensación de seguridad en la que puedes ser completamente tú mismo sin miedo a ser juzgado o rechazado. Puedes expresar tus vulnerabilidades y emociones libremente, sabiendo que serás aceptada y apoyada.

Escuchan: Tu pareja escucha de verdad para comprenderte, no sólo para responder. Presta atención a tus palabras y sentimientos, haciéndote sentir escuchada y valorada.

Reconocen tus diferencias en lugar de intentar cambiarte: El amor verdadero celebra tu individualidad. Tu pareja aprecia tus peculiaridades y perspectivas únicas, aunque difieran de las suyas. No hay presión para que te conformes o te conviertas en alguien que no eres.

Puedes comunicarte fácilmente con ellos: La comunicación fluye de forma natural y abierta. Puedes expresar tus pensamientos y sentimientos con sinceridad, y tu pareja es receptiva. Los desacuerdos se tratan con respeto, y podéis encontrar soluciones juntos.

Te animan a hacer tus propias cosas: Una relación de amor verdadero te capacita para perseguir tus pasiones y objetivos. Tu pareja es tu mayor animadora, y te anima a crecer como individuo.

Confiáis el uno en el otro: La confianza es la piedra angular del amor verdadero. Confías plenamente en la honradez, la lealtad y el compromiso de tu pareja con la relación.

Se esfuerzan: El amor verdadero no es pasivo. Ambos miembros de la pareja se esfuerzan constantemente por cultivar la relación. Esto puede implicar actos de servicio, tiempo de calidad juntos o simplemente gestos atentos que demuestren que os importáis.

Están dispuestos a colaborar y transigir: Comprenden que no siempre estarán de acuerdo en todo. El amor verdadero permite la colaboración y el compromiso. Podéis encontrar soluciones que funcionen para ambos, creando una sensación de trabajo en equipo dentro de la relación.

Semana 2: Elegir el Amor

El amor, en sus múltiples formas, actúa como una fuerza poderosa que da forma a los cimientos de nuestras vidas. Fortalece a las familias, ayuda a construir relaciones significativas y enriquece nuestro bienestar. Dentro de las familias, actúa como la argamasa que une los ladrillos, creando un entorno seguro y cómodo en el que las personas se sienten aceptadas y apoyadas incondicionalmente.

El amor de los padres ayuda a los niños a prosperar, cultivando el crecimiento emocional y un fuerte sentido de sí mismos.

El amor por sus padres aporta deleite y propósito, mejorando sus vidas y fortaleciendo la unidad familiar. El amor familiar nos sirve de lugar de reunión y nos da el consuelo, la aceptación y la fortaleza para capear las tormentas de la vida. Crea un refugio seguro donde nos sentimos valorados y comprendidos al fomentar las relaciones afectivas. Este amor sirve de fuerte ancla y promueve la resiliencia en circunstancias difíciles. Se convierte en el vínculo entre generaciones a través de experiencias y costumbres comunes, garantizando la continuación del legado de nuestra familia.

El abrazo del amor fomenta un jardín donde los corazones florecen en la comprensión mutua. La empatía echa raíces, permitiendo a los individuos ver el mundo a través de los ojos del otro, apreciando el mundo único desde las perspectivas de cada uno. Este terreno fértil alimenta las experiencias compartidas, tanto alegres como desafiantes, hilos que fortalecen el vínculo y les permiten florecer juntos. En su viaje compartido, los individuos se ven capacitados para crecer, alcanzando todo su potencial dentro del calor del abrazo del amor.

Más allá de la familia, el amor desempeña un papel importante en la formación de conexiones con amistades y parejas románticas. Los amigos son como una suave brisa en primavera que te quita todas las preocupaciones a la vez que te proporciona un pilar de apoyo. Por otro lado, el amor romántico es como un fuego que te envuelve: la pasión y la intimidad te hacen explorar profundidades de ti mismo que no sabías que existían.

En resumen, el amor es como un superpoder social, que nos ayuda a crear vínculos fuertes más allá de la familia. He aquí algunos resultados de investigaciones sobre cómo nos afecta el amor en distintos tipos de relaciones:

Eros: Mariposas y deseo ardiente

Eros, la OG del amor, se refiere a esa atracción intensa y apasionada. Es la fase de "no puedo dejar de pensar en ti", alimentada por un cóctel de hormonas como la dopamina y la oxitocina. El estudio "Activación de la vía de recompensa del sistema límbico durante el amor romántico" de Aron et al. (2000) ha demostrado que estas hormonas crean un sistema de recompensa en nuestro cerebro, que nos hace desear el contacto con el objeto de nuestro afecto. ¡No es de extrañar que nos pongamos nerviosos y escribamos mala poesía en esta etapa!

Un estudio de Bartels et al. (2004) descubrió incluso que las personas apasionadamente enamoradas muestran una menor actividad en la parte del cerebro asociada al juicio. Así que sí, eso explica por qué podrías estar ignorando las advertencias de tu mejor amiga sobre tu enamoramiento quizá no tan bueno.

Filia: El escuadrón te cubre las espaldas

La Philia es el amor que constituye la base de las amistades sólidas. Es esa sensación de camaradería, intereses compartidos y lealtad inquebrantable que sientes hacia tus amigos más íntimos. Una investigación de Holt- Lunstad et al. (2017) sugirió que tener fuertes lazos físicos puede, de hecho, mejorar tu salud física y mental. El apoyo social de los amigos puede amortiguar el estrés e incluso ayudarnos a vivir más tiempo.

Así que la próxima vez que salgas con tu equipo, recuerda que no se trata sólo de diversión y juegos; estás cultivando una relación que tiene beneficios reales para tu bienestar.

Storge: El amor feroz de la familia

Storge es el amor incondicional que suele existir entre padres e hijos. Es esa feroz protección y profundo vínculo que sientes hacia tu familia. Psicólogos evolucionistas como Trivers (1972) creen que el storge ayuda a garantizar la supervivencia de nuestra descendencia. ¡Pero no es una calle de sentido único! Unas relaciones paterno-filiales fuertes también pueden influir positivamente en la salud mental de los padres.

Así que, tanto si estás dando un abrazo a tu nieto después de un rasguño en la rodilla como si tu abuelo te llama para saber cómo estás, debes saber que este amor desgarrador es una fuerza poderosa que fortalece tu unidad familiar.

Ágape: Amor para todos

Ágape se refiere al amor desinteresado e incondicional. Es el amor de Dios por la humanidad. Pero también puede extenderse a nuestros semejantes, aunque no sean los más adorables. Practicar el amor ágape, como el voluntariado o la ayuda a los necesitados, puede aumentar los sentimientos de felicidad y salud.

El amor ágape no es todo mariposas y fuegos artificiales como los enamoramientos, sino que es un tipo de amor profundo y constante que puede cambiar realmente nuestra forma de experimentar la vida.

Imagina tener a alguien que simplemente... Cree en ti, pase lo que pase. Ésa es la sensación que te produce el amor ágape. Te equivocas, te sientes perdido, pero existe esta increíble sensación de aceptación y perdón. Te hace querer ser mejor persona, no porque tengas miedo al castigo, sino porque quieres estar a la altura de ese amor. Salmos 91:16, se prometió a nosotros: *"Con larga vida le saciaré y le mostraré mi salvación".* Yo diría con certeza que nuestro Señor nunca nos decepciona. Entonces, ¿qué te impide someterlo todo al Todopoderoso?

El amor ágape es un poderoso recordatorio de que el amor no siempre consiste en lo que recibimos a cambio. A veces, el mayor regalo es el que damos. Te empuja a ser más compasivo, a ayudar a los demás, a difundir ese amor. Puede hacer que tus relaciones con otras personas sean más fuertes porque te acercas a ellas con más comprensión y amabilidad.

Piensa en ello como en un pozo gigante de amor del que siempre puedes sacar. Te llena y te hace querer compartir esa plenitud con el mundo. Es genial, ¿verdad? Así que, la próxima vez que sientas esa cálida sensación, ¡tómate un momento para apreciar el poder único del amor en todas sus formas!

Sigue mi consejo y alimenta la semilla de amor que Dios ha plantado en tu corazón. Da prioridad a las conexiones significativas de tu vida y construye relaciones basadas en el respeto mutuo, la comprensión y el cuidado genuino de los demás. Debes esforzarte por ser fiel a ti misma y reconocer quién y qué te hace feliz.

Una vez que te pongas en primer lugar y te ames más que a los demás, tu aura atraerá hacia ti a las personas adecuadas. Es como cuando sientes la esencia más auténtica del amor dentro de ti. Sólo entonces los demás sentirán lo mismo hacia ti.

"Ama a tu prójimo como a ti mismo".

-Marcos 12:31

Sentirse querido por uno mismo, incluso ante los demás, tiene un enorme impacto en la autoestima y la confianza. Nos motiva a ser la mejor versión de nosotros mismos, a perseguir nuestros sueños y a afrontar los retos con valentía. Por supuesto, el amor de los demás tiene sus pros. Cuando sabemos que alguien se preocupa por nosotros incondicionalmente, nos infunde una sensación de seguridad y pertenencia, que puede reducir significativamente el estrés y la ansiedad.

El poder transformador del amor va más allá de las meras emociones. Inspira actos de bondad, compasión y generosidad. Presenciar o recibir un acto de amor puede desencadenar un efecto dominó, impulsándonos a difundir ese amor a los demás. Esto crea un entorno más positivo y solidario para todos, fomentando un sentimiento de comunidad y bienestar en el mundo en general.

Semana 3: El lenguaje del amor: Desbloquear una conexión y comprensión más profundas

Comprender el lenguaje del amor es como descifrar un complejo código exclusivo de cada individuo. No es un lenguaje universal con definiciones claras, sino más bien una colección de dialectos conformados por experiencias, valores y deseos personales.

Algunos individuos ansían palabras de afirmación, su espíritu se nutre de cumplidos, ánimos y expresiones de afecto. Les encanta oír "te quiero", "eres increíble" o simplemente saber que se aprecian sus esfuerzos.

Para otros, los actos de servicio lo dicen todo. Se sienten queridos cuando su pareja lleva el coche a cambiar el aceite, cocina su comida favorita después de un largo día o se acuerda de ir a comprar sin que se lo pidan. Estos actos se convierten en representaciones tangibles de amor y cariño. Algunos corazones encuentran consuelo en recibir regalos, no necesariamente por su valor material, sino por la consideración que hay detrás de ellos. Una sola flor recogida en un paseo o una nota manuscrita de agradecimiento pueden tener un significado inmenso para las personas que aprecian esta particular expresión de amor.

Para muchos, el tiempo de calidad es la clave para sentirse queridos. Anhelan atención exclusiva, conversaciones significativas y experiencias compartidas. Un simple paseo por el parque, una noche de cine acurrucados en el sofá o una conversación interesante pueden llenar su vaso emocional.

Y, por último, algunos conectan más profundamente a través del contacto físico. Darse la mano, dar abrazos o simplemente estar cerca pueden ser formas increíblemente poderosas de expresar y recibir amor para estas personas.

La clave para comprender el lenguaje del amor reside en la escucha activa y la observación. Presta atención a lo que hace que tu pareja se sienta querida, apreciada y apoyada. Fíjate en sus señales no verbales, en la forma en que se le iluminan los ojos ante determinados gestos o en los temas que saca a relucir con más frecuencia en la conversación.

Recuerda que el lenguaje del amor no es estático. Puede evolucionar y verse influido por las experiencias, el crecimiento personal y las necesidades cambiantes. Mantente abierto a aprender y adaptar tu enfoque para asegurarte de que tu pareja se siente querida y valorada de un modo que resuene profundamente en ella. En última instancia, comprender el lenguaje del amor es un viaje continuo de descubrimiento, empatía y comunicación abierta. Si te esfuerzas por descifrar el dialecto único de tu pareja, podrás construir una conexión más fuerte y satisfactoria, asegurándote de que vuestros dos corazones hablan el mismo idioma.

El concepto de los lenguajes del amor, popularizado por el Dr. Gary Chapman en su libro *Los cinco lenguajes del amor*, identifica distintas formas en que las personas expresan y reciben amor. Reconociendo y respetando estas preferencias, las personas pueden mejorar la comunicación y la intimidad emocional y fortificar los vínculos dentro de las relaciones. He aquí una guía para comprender el lenguaje del amor de tu pareja y adaptar el vuestro a las preferencias del otro.

1. Reconocimiento de las diferencias individuales

Comprender las preferencias: Los lenguajes del amor abarcan actos de servicio, tiempo de calidad, palabras de afirmación, contacto físico y recibir regalos. Al identificar los principales lenguajes del amor de uno mismo y de su pareja, los individuos adquieren una visión de las formas únicas en que ambos expresan y perciben el amor.

Evitar las suposiciones: Reconocer que las personas pueden dar prioridad a distintas expresiones de amor ayuda a evitar malentendidos. Por ejemplo, una persona que valora el tiempo de calidad podría interpretar el tiempo que pasan juntos como un gesto significativo, mientras que alguien que valora los actos de servicio podría encontrar significado en los esfuerzos tangibles por ayudar o apoyar.

2. Expresiones de amor a medida

Afecto personalizado: Expresar el amor en el idioma preferido de tu pareja es como hablar su dialecto emocional. Adaptar las acciones para que coincidan con su lenguaje amoroso primario comunica una forma de afecto más personalizada e intencionada.

Eficacia en la comunicación: Cuando las personas expresan el amor de la forma que más resuena en su pareja, la comunicación se vuelve más eficiente y eficaz. Reduce la probabilidad de malas interpretaciones y garantiza que se reciba y comprenda el mensaje de amor deseado.

3. Reforzar la intimidad emocional

Conexión más profunda: Comprender y abordar los lenguajes del amor fomenta una conexión emocional más profunda. Va más allá de los gestos superficiales y llega al núcleo de lo que cada persona valora en una relación.

Satisfacción mutua: Expresar el amor en la lengua preferida de la pareja crea un intercambio recíproco que satisface las necesidades emocionales de ambas partes. Esta satisfacción mutua refuerza los vínculos afectivos y crea una base más resistente para la relación.

4. Mejora de la resolución de conflictos

Comprensión de los conflictos: Los lenguajes del amor pueden desempeñar un papel crucial en la resolución de conflictos. Comprender cómo expresa y recibe el amor cada persona permite a las parejas afrontar los desacuerdos con una mentalidad más empática y compasiva.

Reducción de la falta de comunicación: La falta de comunicación suele surgir de necesidades emocionales insatisfechas. Abordar estas necesidades mediante lenguajes amorosos puede reducir la probabilidad de conflictos derivados de sentimientos no expresados o malinterpretados.

5. Crecimiento y adaptación continuos

Relaciones en evolución: A medida que evolucionan las relaciones, también lo hacen los lenguajes del amor. Reevaluando regularmente y adaptándote a los cambios y preferencias, los individuos demuestran un compromiso de crecimiento y una voluntad de satisfacer las necesidades emocionales cambiantes de sus parejas.

Evitar el estancamiento: Reconocer que las preferencias de las personas pueden cambiar con el tiempo garantiza que la relación siga siendo dinámica y evita el estancamiento. Esta adaptabilidad contribuye a la salud general y a la longevidad de la conexión.

Semana 4: Protege tu amor: Construyendo relaciones estables y enriquecedoras

Fortalecer las relaciones existentes y cultivar otras nuevas mediante el poder del amor implica acciones intencionadas y gestos reflexivos. He aquí algunos pasos prácticos para mejorar las conexiones y fomentar relaciones significativas:

Reforzar y consolidar las relaciones existentes

Comunicación y escucha activa: Programa regularmente tiempo de calidad para mantener conversaciones abiertas y sinceras. Esto os ayudará a construir un entendimiento más profundo, demostrando vuestro compromiso con la relación

Descubre los lenguajes del amor: Identificad y hablad de los lenguajes del amor del otro para mejorar vuestra conexión emocional.

Expresa gratitud: Expresa agradecimiento por las contribuciones de tu pareja con regularidad porque crea un ambiente positivo, reforzando el valor que os dais mutuamente.

Tiempo de calidad: Da prioridad a dedicar tiempo de calidad juntos, sin distracciones, lo que reforzará los vínculos y creará experiencias compartidas, construyendo los cimientos de una conexión más profunda.

Actos de servicio: Realiza actos de servicio considerados sin que te lo pidan. Esto demuestra atención y consideración, mejorando el bienestar general de la relación.

Claves para establecer relaciones en confianza y conexión

Autenticidad y Vulnerabilidad: Sé abierto y auténtico sobre

Tus valores, intereses y sentimientos, lo que fomenta una auténtica Conexiones y sienta las bases de la confianza.

Compromiso Social Activo: Participa en actividades sociales afines a tus intereses. Esto te proporcionará oportunidades de conocer a personas con ideas afines.

Escucha Activamente: Practica la escucha activa cuando conozcas a gente nueva para que se sientan valorados y escuchados en la relación.

Inicia actos de amabilidad: Ofrece actos de amabilidad, ya sea un gesto considerado o un simple cumplido. Eso crea una impresión positiva y establece el tono para una relación enriquecedora.

Mostrar Empatía: Demuestra empatía comprendiendo y validando las perspectivas de los demás, lo que establece conexiones emocionales y refuerza los cimientos de nuevas relaciones.

Pasos universales para todas las relaciones: Construir cimientos sólidos y fomentar la conexión

Practica el Amor Propio: Da prioridad al autocuidado y al amor propio. Esto garantizará que entres en las relaciones con una mentalidad sana y capacidad para dar y recibir amor.

Sé consciente de los límites: Respeta los límites personales y comunica tus formas en una dinámica equilibrada y respetuosa.

Crecimiento y adaptación continuos: Acepta el crecimiento personal y relacional. El compromiso con la mejora continua garantiza que las relaciones evolucionen positivamente con el tiempo.

Cultiva una mentalidad positiva: Ten una visión positiva de las relaciones y acércate a ellas con optimismo. La positividad atrae energía positiva y contribuye a la salud general de las relaciones.

Construir y mantener relaciones significativas no consiste en encontrar el ajuste perfecto, sino en invertir en el potencial, fomentar la comprensión y permitir que las conexiones crezcan orgánicamente. Se trata de asumir riesgos calculados, ofrecer apoyo y abrazar el camino del crecimiento, aunque ello implique enfrentarse a la incertidumbre. El camino a seguir, aunque todavía poco claro, promete conexión, crecimiento y, tal vez, incluso reavivar una chispa perdida. Requiere un esfuerzo activo, una comunicación abierta y la voluntad de aprender y adaptarse, todas ellas características de la construcción y el fomento de las conexiones que aportan riqueza y plenitud a nuestras vidas.

Vive con Amor: Encontrar la paz en cada momento

Imagina una larga vida rodeada de las bondades del amor. Ése es el sueño supremo, ¿verdad? No se trata sólo de ir acumulando años. Se trata de vivir cada uno de ellos con el corazón lleno. Ahora bien, ese tipo de vida no está exenta de golpes y magulladuras. Todos nos enfrentamos a retos: problemas de salud, dramas familiares, toda la montaña rusa. Pero, ¿adivina qué? Cuando los afrontas con amor, con el apoyo de tus seres queridos, se transforman. ¿Esas canas y arrugas? No son sólo signos de la edad. Son cicatrices de batalla, prueba de tu aguante y resistencia que capeaste las tormentas junto a las personas a las que aprecias.

El amor es el pegamento que lo mantiene todo unido. Es el arma secreta que te capacita para superar cualquier obstáculo o cualquier barrera que te ponga la vida. Y reconozcámoslo, la vida arroja algunos obstáculos. Pero aquí está la cosa: cada lucha superada, cada obstáculo superado, añade otra capa de riqueza a tu historia. Así que, a pesar de cualquier barrera en tu camino, quiero que hagas que cuente y grites con plena confianza: "¡Ha sido una experiencia maravillosa envejecer y vivir esta maravillosa vida!"

Eres uno de los bendecidos, de los que han navegado por las agitadas aguas de los sustos de salud, las rencillas familiares y los problemas laborales. Te has adaptado, has aprendido y has crecido a partir de experiencias que podrían haberte destrozado fácilmente. Habéis luchado la buena batalla, armados de amor y esperanza, y habéis salido victoriosos. Ahora bien, ¿esa victoria?

Es una inspiración para todos los que te rodean. Habla de tu carácter y de los valores que aprecias. Eres un faro que grita: "¡Eh, la vida puede dar golpes, pero con amor en el corazón, puedes seguir adelante!". Vivir una larga vida es un regalo, no cabe duda. Es una insignia de honor que significa tu fuerza y tu capacidad para superar los obstáculos de la vida. Eres un guerrero, que ha conquistado los tres pilares del viaje de la vida: la salud, la familia y el trabajo. Así pues, tómate un momento y aprecia las batallas que has librado y las cicatrices que te has ganado. Cada año vivido con un corazón feliz y agradecido es un motivo de celebración. Y ten esto en cuenta: tu resistencia es un testimonio de tu espíritu, un recordatorio de que te enfrentaste a los retos de la vida sin rodeos y saliste de ellos convertida en una persona de bien. Deja que ese fuego siga ardiendo, y sigue encontrando alegría en el camino que tienes por delante con amor.

Mi mensaje para ti en este capítulo es que abras tu corazón al amor, tanto para darlo como para recibirlo. Cuando amas a los demás, la alegría que les proporcionas te llena a ti también. ¿Y dejarte amar? Es como un cálido abrazo para tu alma. Te fortalece, reduce el estrés y te hace sentir bien. Así pues, haz del amor una prioridad en tu vida. Cultiva tus relaciones, di a las personas que te importan lo mucho que significan para ti, y muéstrate abierto a recibir su afecto a cambio. Créeme, este amor irradiará a través de ti, haciéndote más feliz y saludable que nunca.

¡Haz que cuente tu salvación y protección!

¡Ha sido una bendición!

¡No fuiste destruido!

¡Te salvó el amor!

¡Sigues aquí, viviendo y amando!

¡Sigues aquí contando tus victorias!

Mi anécdota personal

Para mí, un corazón feliz significa un estado de paz y tranquilidad. ¡El amor es la clave de mi vida alegre!

Hago feliz a mi corazón con amor. Mi corazón feliz se nutre de una vida que abraza el amor, la creencia, la esperanza y la resistencia.

Mi fe alimenta mis sueños y me da la confianza para perseguirlos. Además, la resistencia me capacita para soportar retos y contratiempos, desarrollando resiliencia y fortaleza. Además, la esperanza mantiene alto mi ánimo, inspirándome en los momentos difíciles. Juntas, estas cualidades crean los cimientos de una felicidad duradera. Al creer en mí misma, soportar las dificultades y esperar lo mejor, cultivo una mentalidad positiva que atrae la alegría y la plenitud cada día.

En primer lugar, me quiero a mí misma: quién soy, mi estilo de vida y mi cuerpo, que he aprendido a vestir con estilo. Aprecio mi sentido de la moda y me enorgullezco de llevar maravillosamente mi pelo rizado canoso. Aprecio todo lo que he conseguido en la vida, abrazando mi viaje y la persona en la que me he convertido.

En segundo lugar, amo a mi esposo, que es mi compañero y confidente. Amo a mi familia, que me proporciona un apoyo y un amor inquebrantables. Mis amigos enriquecen mi vida con alegría, risas y experiencias compartidas.

Mis compañeros de trabajo contribuyen a crear un entorno laboral satisfactorio, fomentando la camaradería y el trabajo en equipo. Cada una de estas relaciones añade un valor único a mi vida, creando una red de amor y apoyo que me fortalece y sostiene, haciendo que cada día sea más rico y significativo. Me esfuerzo por encarnar las definiciones y los lenguajes del amor que he aprendido de mis lecturas. Esto significa elegir no ser grosero ni arrogante y rechazar el resentimiento. En lugar de ello, elijo conscientemente amar y encontrar la alegría en la verdad. Al abrazar la paciencia, la amabilidad y la humildad, creo interacciones positivas y cultivo relaciones significativas. Este compromiso con el amor da forma a mis acciones y a mi mentalidad, permitiéndome vivir auténtica y armoniosamente con quienes me rodean.

Mi corazón feliz abraza y aprecia a quienes me quieren y celebran mi vida de verdad. Su apoyo y afecto elevan mi espíritu y enriquecen mi vida. Aprecio estas relaciones, valorando la alegría y la conexión mutuas que aportan, y las correspondo con gratitud y amor, creando un círculo de felicidad positivo y nutritivo.

Mi corazón feliz rechaza la negatividad, el rechazo y la oposición centrándose en el amor como mi medicina para el bienestar mental y espiritual. En cada desafío, elijo el amor sobre el odio y el perdón sobre la represalia. No hay envidia ni competición. En lugar de ello, traigo a mis adversarios a mis oraciones diarias y les deseo lo mejor. Esto me ayuda a cultivar una mentalidad pacífica y compasiva. Este enfoque personal no sólo me cura, sino que también fomenta la armonía y la comprensión, enriqueciendo mi vida con positividad y crecimiento espiritual.

¡Estoy haciendo que cuente con un corazón feliz!

Escribe aquí tu anécdota personal.

Bendición para el lector

Querido Padre Celestial,

Venimos ante Ti con corazones agradecidos, dándote gracias por el don del amor que nos has dado.

Elevamos a los que eligen el amor como fundamento de sus relaciones, buscando Tu guía y bendiciones sobre ellos. Que esta oración traiga consuelo y fuerza a quienes buscan amor, felicidad y salud en sus relaciones.

Señor Jesús, te pedimos que llenes sus corazones de Tu amor divino para que puedan amar a los demás desinteresada e incondicionalmente, como Tú nos has amado. Ayúdales a construir relaciones familiares fuertes y sanas, basadas en el respeto mutuo, la comprensión y la compasión.

Concédeles, Señor, la felicidad que proviene de conocerte y de caminar por Tus caminos. Que su alegría sea completa y sus corazones ligeros, llenos de la paz que sobrepasa todo entendimiento.

Rogamos también por su salud y bienestar. Rodéales de Tu protección y poder curativo. Fortalece sus cuerpos, mentes y espíritus, para que prosperen en todos los aspectos de sus vidas mientras se centran en amar.

Señor, haz que su amor sea un faro de Tu gracia y Tu verdad, que atraiga a otros hacia Tu luz. Que sus relaciones con la familia, los amigos y los compañeros de trabajo Te glorifiquen y reflejen Tu bondad al mundo.

En tu santo nombre, Jesús, te lo pedimos. Amén.

Escribe aquí tu propia oración.

Querido señor

AMAR

Marzo - Capítulo 3
Estilo de vida ejemplar

¡Esfuérzate por ser un ejemplo!
Digno de admirar y seguir todo el tiempo
Vive cada día con propósito,
Sembrando bondad sin cesar.
Una vida ejemplar no se mide por lo material,
Sino en los corazones que tocas y
En las almas que logramos inspirar.

"Una vida ejemplar es la que deja un legado de amor, respeto y compasión en cada paso del camino".

- Anónimo

"Sé un ejemplo de creyente en lo que dices, en tu forma de vivir, en tu amor, tu fe y tu pureza".

- 1 Timoteo 4:12

¡Bienvenido a marzo! Con el comienzo del nuevo mes, notarás que las mañanas y las noches son cada vez más frías, mientras que las tardes traen un agradable calor. Es un buen momento para disfrutar de los refrescantes cambios de tiempo. Tanto si prefieres un acogedor paseo matutino como tomar el sol de la tarde, aprovecha esta hermosa transición y deja que alegre tus días.

Es momento de contar una historia

Chesca estaba de pie delante de la clase, con los ojos brillantes de emoción mientras se preparaba para dar su lección favorita del año. Los alumnos, entre los que se encontraban Joy, JJ y Ada, esperaban ansiosos el comienzo de la sesión.

"¡Buenos días a todos!" saludó Chesca con una sonrisa. "Hoy vamos a hablar de llevar un estilo de vida ejemplar y de cómo puede inspirar a los demás. ¿Alguien puede decirme qué cree que significa eso?". Joy levantó la mano. "¿Se trata de ser una buena persona y tomar buenas decisiones?"

"¡Exacto, Joy!" Chesca asintió. "Se trata de tomar decisiones que reflejen tus valores y puedan servir de modelo a los demás. Sumerjámonos en algunas estrategias que pueden ayudarte a vivir una vida ejemplar".

Chesca se volvió hacia la pizarra y escribió: "1. Predicar con el ejemplo".

"Una de las formas más poderosas de inspirar a los demás es predicar con el ejemplo", explicó. "Si quieres inspirar amabilidad, sé amable. Si quieres inspirar trabajo duro, sé diligente en tus esfuerzos".

JJ levantó la mano. "¿Pero y si la gente no se da cuenta? ¿Cómo podemos seguir causando impacto?

"Buena pregunta, JJ", respondió Chesca. "Aunque creas que nadie te observa, tus acciones crean ondas. Con el tiempo, la gente se da cuenta, y tu comportamiento coherente establece una norma. Ahora hablemos de la segunda estrategia".

Escribió: "2. Comunícate positivamente".

"Ada, ¿qué crees que significa comunicar positivamente?" preguntó Chesca.

Ada pensó un momento. "Supongo que significa usar palabras amables y animar a los demás".

"¡Exacto, Ada!" sonrió Chesca. "La comunicación positiva puede elevar y motivar a los que te rodean. Se trata de ser constructivo, ofrecer elogios y dar opiniones útiles".

Chesca añadió: "3. Muestra integridad".

"Integridad es hacer lo correcto, incluso cuando nadie está mirando", dijo. "Se trata de ser honesto y tener fuertes principios morales. Cuando vives con integridad, la gente confía en ti y te respeta".

Los alumnos estaban absortos y Chesca podía ver cómo trabajaban sus mentes. Continuó: "4. Sé compasivo".

"Compasión significa comprender y preocuparse por los demás", explicó. "Se trata de mostrar empatía y apoyo. Esto puede marcar una gran diferencia en la vida de alguien".

Joy volvió a levantar la mano. "¿Puedes darnos un ejemplo?"

"Por supuesto", dijo Chesca. "Imagina que un compañero tiene dificultades con una asignatura. Ofrecerte a ayudarles demuestra compasión. Es un acto sencillo que puede tener un gran impacto".

Por último, Chesca escribió: "5. Persigue la excelencia".

"Perseguir la excelencia significa hacerlo siempre lo mejor posible", dijo. "No significa ser perfecto, sino esforzarte por mejorar y dar lo mejor de ti mismo".

Al concluir la lección, Chesca miró a sus alumnos con orgullo. "Vivir una vida ejemplar es un viaje, y empieza con acciones pequeñas y constantes. Tienes el poder de inspirar y marcar la diferencia cada día".

Sonó el timbre y los alumnos recogieron sus cosas, con la mente llena de nuevas ideas e inspiración. Joy, JJ y Ada abandonaron el aula, charlando animadamente sobre cómo podrían poner en práctica estas estrategias en sus propias vidas, deseosas de convertirse en modelos positivos para los demás.

Semana 1: Vivir con el ejemplo: Inspirar con acciones

Existe una hermosa conexión entre el amor y las elecciones que hacemos. Las personas con un corazón lleno de amor, ya sea amor romántico, amor por la familia y los amigos, o incluso un profundo amor por la vida misma, tienden a tomar decisiones que reflejan el deseo de cuidar de sí mismas y de aquellos a quienes aprecian. ¿Sabes por qué existe esta conexión? Sigue leyendo para averiguarlo.

En primer lugar, el amor nos motiva a ser mejores versiones de nosotros mismos. Cuando amamos a alguien, queremos estar a su lado a largo plazo. Esto puede traducirse en hábitos saludables como comer alimentos nutritivos, hacer ejercicio con regularidad y dormir lo suficiente. Queremos mantener nuestro bienestar físico y mental para estar fuertes y presentes para las personas que amamos.

En segundo lugar, el amor inculca el sentido de la responsabilidad. En las relaciones amorosas, tomamos conciencia de cómo nuestras acciones pueden afectar a los demás. Es menos probable que adoptemos comportamientos de riesgo, como fumar o beber en exceso, porque comprendemos las posibles consecuencias para nosotros mismos y para quienes dependen de nosotros. En tercer lugar, el amor proporciona un poderoso sentido de finalidad. Sentirnos queridos y valorados nos da una razón para cuidarnos. Queremos estar presentes en los momentos importantes, grandes y pequeños, de la vida de las personas a las que queremos. Este propósito puede alimentar hábitos saludables y motivarnos para tomar decisiones positivas. Por supuesto, el amor no es un remedio mágico. Habrá ocasiones en que incluso las personas más cariñosas tomen decisiones poco saludables. Pero, en general, la influencia positiva del amor en nuestras elecciones de estilo de vida es innegable. Nos capacita para cuidar de nosotros mismos, ser responsables y encontrar sentido a una vida sana. Profundicemos en las cuatro formas en que este amor se traduce en acciones positivas:

1. **Practica lo que Crees:** Cuando nuestros corazones rebosan amor, éste se extiende naturalmente a nuestros valores y principios. No sólo hablamos por hablar. Practicamos lo que decimos. Esta coherencia genera confianza e inspira a los demás. Imagina a un padre que hace hincapié en la honestidad. Si ellos mismos son sorprendidos en una mentira, el mensaje se debilitaría. Sin embargo, si demuestran honradez sistemáticamente, sus acciones se convierten en una poderosa herramienta de enseñanza.

2. **Encuentra la alegría en cada situación:** Un corazón rebosante de amor fomenta una actitud positiva. Esto no significa ignorar los retos, sino abordarlos con espíritu optimista. Ante las dificultades, alguien guiado por el amor puede ver oportunidades de crecimiento o aprendizaje. Este entusiasmo contagioso puede elevar a los que le rodean.

Imagina a un amigo que pierde su trabajo. Un amigo cariñoso no se limitaría a compadecerle, sino que le ayudaría a pensar en nuevas trayectorias profesionales, irradiando esperanza y resiliencia.

3. **Modela los comportamientos que quieres ver:** Los humanos somos criaturas sociales, y observar a los demás nos enseña mucho. Alguien con un corazón cariñoso encarna los comportamientos positivos que valora. Puede tratarse de amabilidad, compasión o incluso de simples actos de cortesía. Al demostrar sistemáticamente estos comportamientos, se convierten en un modelo a seguir, inspirando a los demás a emularlos. Imagina a un líder comunitario que siempre trata a todo el mundo con respeto. Este líder, con sus acciones, establece una norma de comportamiento respetuoso para toda la comunidad.
4. **Invierte en relaciones:** El amor se nutre de la conexión. Cuando nuestro corazón está lleno, naturalmente queremos conectar con los demás y establecer relaciones significativas. Esto se transforma en invertir tiempo y esfuerzo en apreciar esas conexiones. Significa ser un buen oyente, ofrecer apoyo y celebrar los éxitos de los demás. Imagina a un cónyuge cariñoso que dedica tiempo a mantener conversaciones de calidad con su pareja. Esta inversión refuerza el vínculo y fomenta una sensación de seguridad y amor en la relación.

Viviendo con un corazón lleno de amor, no sólo podemos mejorar nuestra propia vida, sino también inspirar e influir positivamente en quienes nos rodean.

Semana 2: Liderar con el ejemplo: Inspirar a los demás

El concepto de llevar una vida ejemplar va más allá de simplemente evitar los malos hábitos. Es una llamada a ser un ejemplo de positividad, inspirando a quienes nos rodean, independientemente de la edad. Nuestro estilo de vida debe hacer hincapié en la importancia de dar un ejemplo positivo a los demás mediante la palabra, las acciones, el amor, la fe y la pureza.

Nuestras palabras tienen un poder inmenso. Pueden elevar o derribar, motivar o desanimar. Al elegir conscientemente la amabilidad, el ánimo y la honestidad en nuestra comunicación, plantamos semillas de positividad en las mentes de jóvenes y mayores por igual. Imagina el impacto de un simple cumplido en la autoestima de un niño o de una palabra de empatía aliviando las preocupaciones de un anciano. Estos momentos envían mensajes de respeto y comprensión que fortalecen nuestras comunidades. Las acciones hablan aún más alto que las palabras. Cuando nuestros actos reflejan nuestros valores, nos convertimos en seres vivos de ejemplos del poder de una buena vida. Ayudar a un vecino necesitado, ofrecerse voluntario para una causa que nos importa o simplemente mostrar paciencia en una situación frustrante: estos actos, grandes o pequeños, demuestran la importancia de la compasión, la responsabilidad y la integridad. Ser testigo de tales acciones, especialmente para los jóvenes e impresionables, siembra las semillas de un comportamiento positivo que les guiará a medida que crezcan.

Nuestra fe da forma a cómo interactuamos con el mundo. La palabra, la conducta, el amor y la fe son las piedras angulares de una vida positiva.

Discursos que elevan e inspiran: La forma en que nos comunicamos tiene un poder inmenso. Nuestras palabras pueden edificar a los demás o derribarlos. Vivir una vida de pureza empieza con nuestra lengua. Estamos llamados a utilizar nuestra forma de hablar para el bien, a elegir palabras honestas, respetuosas y edificantes. Imagina nuestras conversaciones llenas de aliento y de auténtica preocupación por los demás. Esta forma de hablar refleja el amor y la compasión que encarnó Jesús.

Conducta que honra a Dios: Nuestras acciones hablan más alto que las palabras. La conducta se refiere a nuestro comportamiento y estilo de vida en general. Cuando nos esforzamos por vivir según los principios cristianos, elegimos un camino de autodisciplina y autocontrol. Significa tomar decisiones conscientes para alinear nuestros pensamientos, actitudes y acciones con las enseñanzas de la Biblia. La pureza no consiste sólo en evitar el mal; consiste en buscar activamente la rectitud y la santidad. Queremos reflejar el carácter de Dios en todo lo que hacemos, desde nuestra ética laboral hasta cómo tratamos a los demás.

El amor como fundamento de nuestras acciones: El amor es la esencia misma de las enseñanzas de Cristo. Del mismo modo que Jesús mostró un inmenso amor y compasión a lo largo de su ministerio, nosotros también estamos llamados a amarnos los unos a los otros. Este amor no es una mera emoción, sino una fuerza que impulsa nuestras acciones. Nos obliga a mostrar bondad, perdón y comprensión hacia todas las personas que conocemos. Al dejar que el amor guíe nuestro comportamiento, nos convertimos en faros de la luz de Dios en el mundo.

La fe: Vivir una vida de fe significa confiar en el plan de Dios, incluso cuando no tenemos todas las respuestas. Significa confiar en su guía y tratar de crecer en nuestra madurez espiritual. Esta fe es lo que alimenta nuestro compromiso con la pureza y el amor. Saber que Dios está con nosotros nos da la fuerza para tomar decisiones difíciles y perseverar a través de los desafíos.

La luz orientadora de la pureza: La pureza es un fundamento de la fe cristiana que va más allá de la mera ausencia de pecado. Es una llamada a vivir una vida que refleje rectitud moral. Esto no significa alcanzar un estado inalcanzable de perfección. Por el contrario, es un camino continuo de esfuerzo por ser la mejor versión de nosotros mismos.

Independientemente de nuestra edad, todos estamos llamados a vivir con integridad. Debemos ser conscientes de nuestro comportamiento y esforzarnos por ser ejemplos positivos de fe y valores en todos los aspectos de nuestra vida. Al expresar estos principios en nuestra forma de hablar, nuestra conducta, nuestro amor y nuestra fe, nos convertimos en poderosas representaciones de las enseñanzas de Jesucristo. Inspiramos a los demás y creamos un mundo que refleja el amor y la compasión que Dios desea para todos nosotros.

Vivir una vida ejemplar no consiste en alcanzar la perfección. Se trata de esforzarnos por ser la mejor versión de nosotros mismos cada día. Al tejer la bondad, la responsabilidad y unos valores sólidos en el tejido de nuestra existencia, nos convertimos en una fuente de aliento para todas las edades, dejando un legado duradero de positividad a nuestro paso.

Semana 3: Vivir por diseño: Un plan para un estilo de vida ejemplar

Ser un modelo a seguir no consiste en alcanzar el estatus de celebridad. Se trata del impacto diario que tienes en los que te rodean. Tu forma de comportarte, tus acciones y tus palabras tienen el potencial de inspirar a los demás. Pero, ¿cómo puedes adoptar las cualidades que hacen de ti un modelo verdaderamente positivo?

La base de ser un modelo de conducta reside en la autenticidad. Cuando eres fiel a ti mismo y a tus valores, proyectas autenticidad y fiabilidad. La gente puede ver que no estás actuando, y eso hace que sea más probable que conecten contigo y quieran emular tu comportamiento. Esta autenticidad también se traduce en integridad. Demostrar honradez, fiabilidad y coherencia en tus acciones demuestra que se puede contar contigo, que eres una persona que cumple lo que dice y no sólo lo que dice. Incluso cuando te enfrentas a retos o a atajos tentadores, mantienes firmes tus principios morales y éticos. Este compromiso inquebrantable inspira confianza y respeto.

Ser un modelo a seguir también significa mantener una actitud positiva ante la vida. Tu actitud es contagiosa. Al afrontar los retos con optimismo y resistencia, demuestras el poder de la perseverancia. Cuando las cosas se ponen difíciles, no te rindes fácilmente. Encuentras la fuerza para seguir adelante, y eso puede inspirar a otros a adoptar una mentalidad similar ante sus propias dificultades.

Además, la compasión y la empatía son cualidades clave de un modelo de conducta. Dedicando tiempo a comprender las perspectivas de los demás y ofreciendo apoyo en momentos de necesidad, demuestras que te importan de verdad. Incluso los pequeños actos de amabilidad pueden tener un profundo impacto en quienes te rodean. La comunicación eficaz es otra herramienta esencial en el conjunto de herramientas de un modelo a seguir. Ser capaz de expresarte con claridad, respeto y empatía te permite conectar con los demás a un nivel más profundo. También demuestra tu voluntad de escuchar activamente y comprender sus necesidades antes de ofrecerles consejo o ayuda. Esta comunicación abierta y respetuosa refuerza la confianza y crea un entorno positivo para todos los implicados.

Por último, los verdaderos modelos de conducta predican con el ejemplo. Representan los comportamientos y valores que quieren ver en los demás, ya sea en su lugar de trabajo, comunidad o entorno familiar. No se limitan a predicar, sino que practican. Esta coherencia es lo que hace que su influencia sea tan poderosa.

El camino para ser un modelo de conducta dura toda la vida. Independientemente de tu edad, siempre hay espacio para el aprendizaje y el crecimiento continuos. Al aprovechar las oportunidades para aprender cosas nuevas y mejorar, creas una mentalidad de crecimiento. Y al compartir tus conocimientos y experiencias con los demás, les animas a seguir también su propio camino de desarrollo. De este modo, la influencia positiva de un modelo de conducta puede extenderse, creando un mundo más positivo e inspirador para todos.

Imagina esto: te encargan un problema complejo que parece no tener una solución clara. Aparece la frustración, los obstáculos y las dudas. Pero en lugar de sucumbir a estos retos, profundizas.

Recurres a experiencias pasadas, a las veces que te enfrentaste a las dificultades y las superaste. Esto es resiliencia en acción. Perseveras explorando distintos enfoques, aprendiendo de los contratiempos y negándote a rendirte. Esta determinación inquebrantable, esta capacidad para recuperarte con más fuerza, es lo que te convierte en un modelo para los demás que se enfrentan a sus propias tormentas.

Sin embargo, la resiliencia no existe en el vacío. Prospera junto con la humildad y una mentalidad de crecimiento. Tienes que comprender y reconocer que no tienes todas las respuestas. Tienes que buscar activamente la retroalimentación, incluso la crítica constructiva, y reconocerla como una herramienta valiosa para mejorar. Aprendes de los que te rodean, independientemente de su edad o posición. Esta apertura te permite ampliar constantemente tu base de conocimientos y abordar los retos desde nuevos ángulos.

Pero tu viaje no termina ahí. Crees que todo el mundo tiene potencial para la grandeza. Tienes buen ojo para reconocer los puntos fuertes de los demás, y los apoyas activamente. El estímulo se convierte en tu combustible, creando un entorno colaborativo e integrador en el que todos se sienten capacitados para aportar sus talentos únicos. Celebras los éxitos individuales al tiempo que reconoces el poder del trabajo en equipo.

Al encarnar estas cualidades, inspiras a los que te rodean a luchar por la excelencia, la integridad y el crecimiento personal. Predicas con el ejemplo, demostrando que el camino hacia el éxito no sólo está pavimentado con talento, sino también con una firme resistencia, sed de conocimiento y un auténtico deseo de elevar a los que te rodean. Esta es la esencia de un verdadero modelo a seguir, alguien que deja un impacto duradero encendiendo la chispa del potencial en los demás.

Semana 4: Construye tu camino: Estrategias para vivir un estilo de vida ejemplar

Imagina una vida rebosante de energía, resistencia y una mente aguda. Empiezas el día como una aventura emocionante, con retos que se convierten en rompecabezas que disfrutas resolviendo. Tus dificultades te dan energía en lugar de agotarte. Incluso cuando el sol se sumerge en el horizonte, no estás agotada, sino que te sientes realizada. Déjame decirte que esta vida no es sólo un sueño; es un resultado muy real de adoptar un estilo de vida sano y equilibrado. Los beneficios van mucho más allá de sentirse bien físicamente. Crean una ola que repercute positivamente en varios aspectos de tu vida e inspira a otros a seguir su ejemplo.

Empecemos por los cimientos: ejercicio regular y una dieta nutritiva. Este dúo dinámico fortalece tu cuerpo y reduce el riesgo de enfermedades crónicas como las cardiopatías, la diabetes e incluso ciertos tipos de cáncer. Un cuerpo más sano conlleva un aumento natural de los niveles de energía. Te sentirás más capaz de afrontar las tareas y actividades cotidianas, lo que te dará una mayor sensación de vitalidad.

Pero los beneficios van más allá de lo físico. Participar en actividades como el ejercicio, las prácticas de atención plena y las aficiones es una receta para mejorar el bienestar mental. Estas prácticas ayudan a controlar el estrés, la ansiedad y la depresión, restaurando una sensación de calma y resistencia emocional. Un estilo de vida equilibrado también favorece la función cognitiva, manteniendo tu mente aguda y centrada.

Por último, las decisiones que tomas a diario -dormir lo suficiente, mantenerte hidratado y alimentar tu cuerpo con alimentos nutritivos- contribuyen a tu bienestar. Si das prioridad a estos hábitos saludables, no sólo te sentirás mejor hoy, sino que te estarás preparando para un futuro más sano y feliz.

La energía positiva que irradias inspirará sin duda a otros a embarcarse en sus propios viajes saludables. Recuerda, un estilo de vida sano es contagioso, así que ¡adelante, difunde las buenas vibraciones! Imagina tu vida como un jardín. Un estilo de vida ejemplar actúa como el sol, el agua y la tierra fértil para tu bienestar. Si das prioridad al autocuidado, estás alimentando tus propias necesidades. Participar en actividades que provocan alegría es como plantar flores vibrantes, que aportan color y satisfacción a tus días. Este enfoque en el autogestión y el disfrute contribuye naturalmente a una vida más rica y satisfactoria.

Piensa en tu salud como en los cimientos de tu jardín. Seguir una dieta equilibrada, controlar el consumo de alcohol, hacer ejercicio con regularidad y mantener una buena higiene del sueño son como fortalecer las raíces de tus plantas. Un estilo de vida sano refuerza tu sistema inmunitario, haciéndote más resistente a las enfermedades, igual que unas raíces fuertes protegen a las plantas de las inclemencias del tiempo.

Las conexiones sociales son las ramas entrelazadas de tu jardín, que proporcionan apoyo y belleza. Invertir tiempo en los seres queridos y construir relaciones sólidas fortalece estas conexiones. Participar en actividades sociales crea un sentimiento de pertenencia, de forma similar a como las ramas entrelazadas crean un frondoso dosel.

Encontrar un equilibrio saludable entre trabajo y vida privada es similar a la luz del sol. Demasiado trabajo puede quemar tu jardín, mientras que descuidarlo puede dejarlo demasiado crecido. Alcanzar un equilibrio te garantiza la energía y la concentración necesarias para prosperar tanto en lo personal como en lo profesional. La gestión eficaz del estrés, otro aspecto crucial del equilibrio entre trabajo y vida privada, actúa como una suave brisa, manteniendo tu jardín libre de negatividad y permitiéndole florecer.

La seguridad financiera añade otra capa de bienestar a tu floreciente jardín. Tomar decisiones financieras informadas sobre el gasto, el ahorro y la inversión es como crear una valla fuerte. Protege tu jardín de tormentas financieras inesperadas y imparte una sensación de seguridad, permitiendo que tus plantas crezcan con confianza. En esencia, un estilo de vida ejemplar cultiva un jardín vibrante: una vida llena de felicidad, plenitud y bienestar. Al dar prioridad a tu salud física, mental y emocional, crearás las condiciones ideales para una vida próspera.

Vivir una vida fiel a ti mismo es una forma poderosa de motivar a los demás. Al abrazar tus cualidades y valores únicos, simbolizas la belleza de la individualidad. Esta autenticidad puede desencadenar una oleada de autoaceptación en quienes te rodean, animándolos a explorar y celebrar sus propias peculiaridades y pasiones.

Los retos son inevitables, pero mantener una actitud positiva puede proporcionar esperanza a los demás. Cuando afrontas las dificultades con optimismo y resiliencia, muestras la fuerza que todos llevamos dentro. Esto inspira a los que te rodean a adoptar una perspectiva similar, fomentando un enfoque más esperanzador y adaptable a los inevitables altibajos de la vida.

La compasión y la amabilidad son la base de una comunidad solidaria. Tratar a los demás con empatía y comprensión crea un espacio en el que todos se sienten valorados y escuchados. Esto nos recuerda que no estamos solos en este viaje de la vida. El aprendizaje permanente es algo hermoso, y es aún más inspirador cuando se es testigo de ello. Cuando das prioridad al crecimiento personal mediante el aprendizaje continuo, la autorreflexión y la superación personal, envías el mensaje de que el crecimiento es un proceso continuo. Esto motiva a los demás a embarcarse en sus propios viajes de autodescubrimiento y realización. Contribuir a tu comunidad es otra forma de tener un impacto positivo. Participar en trabajos de voluntariado o apoyar iniciativas locales demuestra el poder de acción colectiva. Transmite el mensaje de la responsabilidad compartida y anima a los demás a encontrar formas de marcar una diferencia positiva en el mundo que les rodea.

Encontrar el equilibrio es la clave del bienestar. Al compaginar con éxito el trabajo, la familia, los intereses personales y las actividades sociales, das un poderoso ejemplo. Esto demuestra la importancia de dar prioridad a tu bienestar y crear armonía en tu vida. Inspira a otros a encontrar su propio equilibrio saludable y evitar el agotamiento.

La honradez, la integridad y el respeto son los cimientos de la confianza. Cuando tratas a los demás teniendo en cuenta estos valores, creas credibilidad y te conviertes en un modelo de comportamiento ético. Esto crea un efecto dominó, animando a los que te rodean a mantener valores morales similares, lo que contribuye a crear un entorno más digno de confianza y positivo.

Un estilo de vida ejemplar y el empoderamiento son conceptos interconectados que implican agencia individual, modelado positivo de roles, impacto social y autorrealización. Al encarnar los principios del empoderamiento en sus vidas, los individuos no sólo pueden vivir vidas ejemplares, sino también inspirar y empoderar a otros para que hagan lo mismo, fomentando así un cambio positivo tanto a nivel personal como social.

Llevar un estilo de vida ejemplar puede contribuir a un cambio social positivo promoviendo valores como la integridad, la compasión y la responsabilidad. El empoderamiento amplía este impacto implicando activamente a las personas en los esfuerzos por abordar los problemas sistémicos, defender el cambio y capacitar las comunidades marginadas. Un estilo de vida ejemplar a menudo implica dar un ejemplo positivo para que otros les sigan. El empoderamiento permite a las personas convertirse en modelos de conducta demostrando cómo han superado retos, alcanzado el éxito y se han impulsado a sí mismas, inspirando así a otros a hacer lo mismo.

La capacitación empieza por reconocer los dones únicos que posee cada persona. Al reconocer los puntos fuertes, los talentos y las capacidades de los demás, das validez a sus experiencias y perspectivas. Esto crea una base de confianza en uno mismo que permite a las personas prosperar.

Forjar confianza es otro pilar de la capacitación. Proporcionar comentarios positivos, ánimo y validación fomenta la confianza en uno mismo. Cuando las personas confían en sus capacidades, es más probable que acepten retos, busquen oportunidades y superen obstáculos con determinación.

Por último, la capacitación consiste en proporcionar las herramientas para el éxito. Esto puede implicar el acceso a oportunidades educativas, tutoría o redes de apoyo profesional. Al dotar a las personas de los recursos que necesitan, las capacitas para alcanzar sus objetivos y aspiraciones. Esto significa darles libertad para tomar decisiones, tomar la iniciativa y aprender de sus experiencias, tanto de los éxitos como de los fracasos. Confiar en que las personas se hagan cargo de sus decisiones les permite crecer y desarrollar su propia voz.

En esencia, la capacitación abarca la riqueza de la diversidad. Al reconocer y valorar las perspectivas y experiencias únicas de personas de distintos orígenes, desbloqueamos un manantial de creatividad e innovación. Imagina un lugar de trabajo donde todos se sientan respetados, un lugar donde un joven ingeniero con ideas frescas se valora junto con la sabiduría experimentada de un colega veterano. Esta inclusividad ayuda a que todos se sientan seguros para aportar sus talentos e ideas, lo que conduce a soluciones más eficaces y a un equipo más fuerte.

La capacitación no se detiene ahí. Fomenta la pasión por el aprendizaje permanente. Al animar a las personas a adquirir continuamente nuevos conocimientos y desarrollar nuevas habilidades, las equipamos para prosperar en un mundo en constante cambio. Esto puede implicar ofrecer programas de formación y oportunidades educativas o simplemente mantener una cultura de curiosidad y exploración. A medida que las personas amplían sus capacidades, se vuelven más adaptables y pueden buscar nuevas oportunidades, impulsándose a sí mismas y a su comunidad.

La capacitación no rehúye fomentar el liderazgo. Ayuda a desarrollar habilidades de liderazgo en las personas, capacitándolas para abogar por sí mismas y por los demás. Este liderazgo puede adoptar muchas formas: desde un joven estudiante que se hace cargo de un proyecto escolar hasta un líder comunitario que lucha por la justicia social. Promoviendo estas cualidades, nos esforzamos por lograr un cambio positivo. Los individuos se convierten en agentes de empoderamiento, inspirando a quienes les rodean y trabajando por una sociedad más justa y equitativa.

Por último, la capacitación prospera con el reconocimiento. Celebrar los grandes y pequeños logros refuerza la autoestima, la motivación y la confianza de la persona. Un simple "gracias" o un reconocimiento público pueden llegar muy lejos. Este reconocimiento alimenta el deseo de excelencia e incita a las personas a seguir teniendo un impacto positivo. En conclusión, la capacitación es el pilar de una comunidad próspera. Al crear un entorno de apoyo y inclusivo, capacitamos a las personas para que alcancen su pleno potencial, persigan sus pasiones y contribuyan de forma significativa a la sociedad. Se trata de reconocer el valor inherente de cada persona y darle las herramientas y la confianza que necesita para triunfar en sus propios términos. A medida que se capacita a los individuos, toda la comunidad se beneficia, creando un entorno positivo y dinámico en el que todos pueden prosperar.

Mi anécdota personal

Para mí, llevar un estilo de vida ejemplar significa esforzarse por ser una persona virtuosa, con una influencia positiva y una fuerte brújula moral. Quiero vivir de un modo que los demás puedan admirar y emular.

Como madre, profesora, consejera, mentora y predicadora, comprendo el poder de mis acciones. La forma en que me comporto deja un legado para la próxima generación de madres y educadores. Quiero que mi vida sea un faro que atraiga a otros hacia la fe, la esperanza y la felicidad. Viviendo con un propósito, - de ser ejemplo o influenciado - ayudo a crear una comunidad más sana para gloria de Dios y beneficio de mis prójimos.

El poder de mis acciones reside en mi capacidad para moldear mi vida e influir en el mundo que me rodea. Cada decisión que tomo, incluso las tan sencillas como elegir mi ropa o mi peinado, contribuye a la dirección de mi trayectoria personal y profesional. Sé que mis acciones son la expresión tangible y visible de mis pensamientos, valores e intenciones.

Además, mis acciones sirven de modelo para los demás, inspirándoles y animándolos a perseguir sus propios objetivos y a desarrollar sus propios estilos de vida. Es un recordatorio diario de que todas mis acciones debe estar arraigada en la bondad y la compasión, difundiendo positividad y mejorando la vida de quienes me rodean. Ser un modelo de conducta es especialmente importante para mí en mi papel de madre. Lo explicaré con más detalle en el Capítulo 5. Ahora, permíteme explicar cómo fui un modelo de conducta en el trabajo dentro de la comunidad educativa. En el aula, tuve el privilegio de utilizar mi sabiduría y mis conocimientos para bendecir a mis alumnos y contribuir a un mundo mejor. Mi objetivo como educadora era y sigue siendo influir positivamente en mis alumnos, en la educación y en la sociedad, trabajando por un mundo lleno de esperanza, alegría y salud.

Mi asignación de trabajo fue una oportunidad para colaborar y formar parte de una maravillosa comunidad de profesores y académicos. Además de enseñar, fui mentora de nuevas familias que llegaban a nuestra ciudad, ayudándolas en la transición y a adaptarse a una nueva cultura.

Constantemente me esfuerzo por tomar decisiones que se alineen con mi propósito y mis principios. Al hacerlo, no sólo transformo mi propia vida, sino que también influyo positivamente en mi familia y mi comunidad. Cada día, me esfuerzo por ser consciente de cómo mis acciones se alinean con mis valores fundamentales, sabiendo que incluso las decisiones más pequeñas pueden marcar una diferencia significativa.

A través de mi vida como educadora y predicadora, me esfuerzo por reflejar el amor y la compasión de Dios. Cada día es una oportunidad para ser una luz para los demás, mostrando bondad, humildad y perseverancia.

Que tu ejemplo, como el mío, brille intensamente, iluminando el camino hacia una vida plena y llena de sentido. Que así sea, hoy y siempre.

¡Estoy haciendo que cuente mi vida ejemplar!

Escribe aquí tu anécdota personal.

Bendición para el lector

Querido Padre Celestial,

Tus palabras nos dan el mandato de ser un ejemplo para todos. Me presento ante Ti para encomendarte especialmente a cada lector que emprende el camino de vivir un estilo de vida ejemplar. Tú ves que los lectores buscan humildemente Tu guía, fortaleza y sabiduría. Ayúdales a encarnar las virtudes de integridad, diligencia y compasión en todo lo que hagan. Concédeles el valor para mantenerse firmes en sus principios y la humildad para aprender de sus errores.

Que sus acciones inspiren a otros a luchar por la excelencia y la bondad. Bendíceles con claridad mental, concentración y perseverancia mientras persigo mis metas y aspiraciones. Guíales para que tomen decisiones que se alineen con sus valores y contribuyan positivamente al mundo que les rodea.

Concédeles la gracia de predicar con el ejemplo, elevando a quienes les rodean mediante la bondad, la generosidad y la empatía. Ayúdale a cultivar un espíritu de gratitud, reconociendo las bendiciones de su vida y utilizándolas para servir a los demás.

Mientras se enfrentan a retos y obstáculos en el camino, dales fortaleza en Tu presencia y confianza en Tu plan divino. Concédeles resistencia y fe para superar la adversidad con gracia y dignidad. Te ofrezco esta oración con el corazón abierto, sabiendo que, con Tu guía, puede llevar una vida con propósito, sentido y significado, en el nombre de Jesús.

En tu santo nombre, Jesús, te lo pedimos. Amén.

Escribe aquí tu propia oración.

Querido señor

Abril - Capítulo 4
Celebraciones memorables

¡Haz una celebración memorable todo el año!

Haz que cuente tu vida.

¡Has sido una bendición!

¡Sigues aquí viviendo y alegrándote!

Estás aquí contando tus victorias.

Contando tus recuerdos de uno en uno.

"Con larga vida le saciaré y le mostraré mi salvación".

- Salmo 91:16

Las lluvias de abril traen las flores de mayo. Disfrutemos de los coloridos capullos de las flores, que están por todas partes en esta época del año. Demos la bienvenida a una nueva oportunidad de celebrar la vida. ¡La primavera ya está aquí! Sonríe y sé feliz.

"La vida es una fiesta, ¡disfrutemos de cada momento!"

- F. Lucille

"La vida es una celebración; abrázala con los brazos abiertos y el corazón agradecido".

- R.W. Emerson

"Este es el día que ha hecho el Señor; alegrémonos y regocijémonos en él".

-Salmo 118:24

"Señor, enséñanos a hacer que cada día cuente...".

-Salmo 90:12

Es momento de contar una historia

Aquella noche, mientras los tonos dorados del sol poniente bañaban el salón con un cálido resplandor, Belkís y su hija Frany se acomodaron en su sofá favorito.

"Cariño, ¿te acuerdas de aquel día que celebramos tu graduación universitaria?". Preguntó Belkís, con los ojos brillantes por el recuerdo. No era sólo una madre, sino una guía.

"¡Por supuesto, mamá! Fue un día tan especial para mí - respondió Frany, con la voz teñida de nostalgia. El recuerdo de aquel día estaba vivo en su mente, un hito que había sido a la vez una culminación y un comienzo.

Belkís sonrió: "Así fue. Aún recuerdo la alegría de tu cara cuando cruzaste el escenario para recibir el diploma".

Los ojos de Frany se iluminaron al recordarlo. "Fue uno de los momentos más memorables de mi vida. Me sentí muy orgullosa de mí misma y agradecida por todo el apoyo que papá y tú me disteis".

"Esa celebración fue una prueba de vuestro duro trabajo y dedicación", continuó Belkís. "Verte alcanzar ese hito significó todo para nosotros".

Frany asintió: "Recuerdo toda la planificación que se hizo ese día, desde la decoración hasta la fiesta posterior. Me hizo sentir muy querida y apreciada".

"Para nosotros era importante celebrar un logro tan significativo en tu vida", dijo Belkís, subrayando el valor de marcar tales ocasiones. "Son momentos como ésos los que apreciamos para siempre".

"Sin duda. No se trata sólo del logro en sí, sino también de reconocer el viaje y a las personas que me ayudaron en el camino", añadió Frany pensativamente.

"Exacto. Celebrar los hitos personales no sólo aumenta nuestra confianza, sino que también refuerza nuestros vínculos con los seres queridos", coincidió Belkís, y sus palabras se hicieron eco de la esencia de su conversación.

Frany sonrió, un sentimiento de gratitud le llenó el corazón. "Siempre atesoraré ese día y los recuerdos que creamos juntos. Me enseñó la importancia de marcar los momentos especiales de la vida".

Belkís alargó la mano y tomó la de su hija entre las suyas: "Y mientras sigas creciendo y logrando cosas nuevas, siempre estaremos aquí para celebrarlo contigo y apoyarte en cada paso del camino."

"Gracias, mamá. Tu amor y tus ánimos lo son todo para mí", dijo Frany, con voz suave por la emoción.

"De nada, cariño. Sigamos celebrando juntos los hitos de la vida, creando recuerdos que durarán toda la vida", concluyó Belkís, atrayendo a su hija en un cálido abrazo.

Cuando la luz del atardecer se desvaneció, madre e hija permanecieron en el sofá, envueltas en una sensación de unión. Comprendieron que eran estos momentos de conexión y celebración los que forjaban los vínculos más fuertes, una lección que llevarían adelante en todos los capítulos venideros de la vida. Su historia es la prueba de que celebrar las pequeñas alegrías de la vida añade una euforia interminable a la vida monótona y aburrida. Así que no lo olvides.

Semana 1: Desencadenar la felicidad en cada momento

Al despertar de abril nos empuja hacia corazones llenos de amor, guiándonos hacia elecciones de estilo de vida admirables. En el viaje a través de la vida, hay una verdad profunda pero sencilla captada por la oración,

"Enséñame a contar mis días". Esta invocación es más que una petición para que contemos el tiempo; es una súplica de sabiduría y perspicacia para reconocer el valor de cada momento que se nos concede.

En el fondo, "Enséñame a contar mis días" sirve como recordatorio de la naturaleza transitoria de la vida. Nos anima a reconocer que cada día es un don precioso, una oportunidad que no debemos desaprovechar. Este reconocimiento suscita una celebración más profunda de la vida, guiándonos para apreciar no sólo los hitos, sino también los momentos aparentemente mundanos que enhebran nuestros días. La luz del sol matutino filtrándose por la ventana, la risa compartida durante una comida, la tranquila satisfacción de un libro entre las manos... Son los momentos que, en conjunto, componen la alegría de vivir.

Nunca se insistirá lo suficiente en la importancia de apreciar estos momentos. En el ajetreo de la rutina diaria, es fácil pasar por alto las pequeñas alegrías y bendiciones que nos rodean. Sin embargo, son precisamente estos instantes los que ofrecen la satisfacción más genuina. Reconocer el valor de lo cotidiano fomenta un cambio de perspectiva, en el que cada momento encierra el potencial de la gratitud. Se trata de ver la belleza en lo ordinario y comprender que el valor de la vida se encuentra a menudo en su sencillez.

Para cultivar esta mentalidad, practica la gratitud. Empieza por reconocer una cosa cada día por la que estés agradecido. Puede ser algo tan sencillo como una taza de café caliente o tan importante como el apoyo de un ser querido. El acto de identificar y apreciar estas bendiciones diarias fomenta el hábito de la atención plena. Te ancla en el presente, evitando que las prisas de la vida empañen la multitud de alegrías que ofrece cada día.

Del mismo modo, practicar la gratitud te abre los ojos a la abundancia que presenta la vida, cambiando el enfoque de lo que falta a lo que abunda. Este cambio no sólo mejora tu bienestar emocional, sino que también fortalece tus relaciones. Expresar agradecimiento por los pequeños actos de bondad y amor que recibimos y damos hace que esos vínculos sean más ricos y satisfactorios.

Estimular una conciencia consciente de las bendiciones diarias no implica que la vida carezca de desafíos. Por el contrario, ofrece una lente a través de la cual tanto los altibajos como las dificultades pueden verse como partes integrantes de la experiencia humana, cada una de las cuales proporciona valiosas lecciones y oportunidades de crecimiento. Se trata de encontrar el equilibrio y reconocer que la alegría no proviene de una vida perfecta, sino de la apreciación de la vida en toda su complejidad.

Al abrazar el mensaje de la oración "Enséñame a contar mis días", se te invita a celebrar cada día, no sólo como un paso del tiempo, sino como una colección de momentos rebosantes de alegría potencial. Esto no requiere grandes gestos ni logros monumentales. Sólo pide tu presencia y tu voluntad de ver la belleza en el ahora. A medida que avances, deja que esta oración sea tu guía. Deja que te recuerde que, al contar nuestros días, no nos limitamos a contabilizar el tiempo, sino que elegimos activamente comprometernos con la rica existencia de la vida y saborearla. Mediante la gratitud y la apreciación consciente, encuentra la alegría en lo cotidiano y deja que esa alegría ilumine tu camino.

¡Celebra los hitos del cumpleaños!

A los 30: Esta década de tu vida es uno de los periodos más agitados, en el que encarnas la belleza y la juventud. Posees confianza en ti misma, atractivo y un don para la moda. Eres moderna y decidida, te comprometes a perseguir tus objetivos profesionales, mantienes una dieta sana y te aseguras la estabilidad financiera.

Ahora tienes 30 años,

Haz que cuenten los sueños pasados,

Haz que cuenten las nuevas visiones,

Los susurros del corazón guíen tu camino,

Abraza cada respiración, aprovecha el día.

¡Haz que cuente!

A los 40: Esta década marca una fase de fecundidad y estabilidad en tu vida. Dotado de un título universitario, mantienes una buena salud, actualizas tu sentido de la moda y encuentras motivación en diversos aspectos de la vida.

Ya tienes 40 años, ¡haz que cuenten!

Te encuentras en la encrucijada de la juventud y la sabiduría,

Haz de cada día sea una obra maestra,

Vive la vida memorable.

A los 50: Esta década es especial pues alcanzaste el hito del medio siglo. Te caracterizado por la sabiduría, ahora eres maduro, distinguido y experimentado. Encarnas la esencia de un veterano y llevas el encanto de lo añejo.

Ya tienes 50 años

Años tejidos como un tapiz,

Brillan algunos hilos de plata en tu cabeza,

Los capítulos vivieron con fuerza, gracia y sabiduría.

A los 60: Esta década significa una época en la que eres emocionalmente maduro, estable, seguro de ti mismo e independiente. Estas admirables cualidades contribuyen a menudo a que las personas mayores te consideren muy atractiva

Tienes 60 años. Edad de oro

Abraza la sabiduría que has ganado,

Años dorados, historias bien contadas

Aprecia los momentos, ama sin miedo,

Tu edad es un don, una vida memorable.

¡Celebra los hitos de tu aniversario!

Celebrar los hitos del aniversario con una gema o roca, un metal o incluso madera tiene un significado importante. Cada uno simboliza el amor y el compromiso duraderos, y cada tipo representa cualidades únicas, como la fuerza y la belleza, que reflejan el crecimiento de la relación. Estos regalos marcan el paso del tiempo y el viaje juntos de la pareja, haciendo que la ocasión sea memorable. También sirven como recordatorios tangibles del amor, la estabilidad y el valor del vínculo compartido. Incorporar gemas o rocas añade una capa de tradición y significado, conectando la celebración a antiguas costumbres que honran la longevidad y la arraigada conexión entre la pareja. Un aniversario de boda puede simbolizarse con un material específico, y los primeros hitos se marcan con metales como el bronce, la plata y el oro. Por ejemplo, los elementos del 10º aniversario son el estaño o el aluminio. También hay dos colores de aniversario para este hito especial: plata o azul.

Tras unos cuantos años de aniversario juntos, es probable que una pareja haya experimentado un importante crecimiento personal y emocional. La pareja ha superado altibajos, ha aprendido a transigir y ha crecido junta como individuo y como pareja.

El 20 aniversario es un testimonio del amor profundo y duradero que une a una pareja. Han compartido innumerables momentos felices, han construido recuerdos juntos y han capeado inevitables tormentas. Este hito significa una pareja fuerte y resistente.

Las perlas representan el regalo tradicional para el 30 aniversario, destacando este hito como un momento para que las parejas reafirmen su compromiso mutuo y renueven sus votos de amor y fidelidad. Sirve como reflexión sobre el amor y la dedicación compartidos a lo largo de los años, destacando el compromiso conjunto de continuar juntos el viaje de sus vidas.

El 40 aniversario es un hito importante, que simboliza cuatro décadas de compromiso, resistencia y la naturaleza duradera del amor. Representa un viaje a través de altibajos, con dos personas unidas que afrontan los retos de la vida y saborean sus alegrías. Cada año sirve de tributo a sus experiencias, risas y lágrimas compartidas, creando un legado de devoción y una historia de amor y afecto inquebrantable.

El 50 aniversario de boda, también conocido como bodas de oro, marca un hito extraordinario para cualquier pareja, celebrando medio siglo de amor. Es un testimonio de amor duradero, sueños compartidos y compromiso inquebrantable. Cada año añade un capítulo a su historia, lleno de momentos felices, obstáculos superados y recuerdos entrañables. Este aniversario no es sólo una celebración de los años pasados, sino el reconocimiento de un viaje emprendido juntos, con aprecio por el pasado y optimismo por el futuro.

Los aniversarios de boda ofrecen a las parejas la oportunidad de conmemorar su vida en común y recordar los preciosos momentos que han compartido.

Semana 2: Lazos familiares: Un hito envuelto en amor y risas

Esta semana está dedicada a celebrar las vidas que inspiran tanto a los jóvenes como a los mayores. Tus acciones, arraigadas en el amor, la fe y la pureza, deben servir de faro para los demás.

Las celebraciones familiares como cumpleaños, aniversarios y ocasiones especiales sirven como marcadores del tiempo, momentos de pausa y reflexión en medio del ajetreo. Estas celebraciones no son meras fechas en el calendario; son oportunidades para estrechar lazos, expresar amor y crear recuerdos que duran toda la vida.

Celebrar los hitos familiares va más allá de la tarta y los regalos. Se trata de reunirse, compartir comidas y pasar tiempo de calidad con los seres queridos. En un mundo en el que todos están ocupados con sus vidas individuales, estos momentos de unión se vuelven aún más preciosas. Ofrecen la oportunidad de ponerse al día, reírse de viejos chistes y crear nuevas historias que se contarán durante años. El acto de reunirse, compartir comida y conversación no sólo alimenta el cuerpo, sino también el alma, uniendo más a la familia con cada sonrisa y abrazo compartidos.

Cuando se trata de celebrar estos hitos, la creatividad puede transformar una simple reunión en un acontecimiento memorable. Para los cumpleaños, ¿por qué no crear un tema basado en los intereses del celebrante o un montaje de vídeo sorpresa de familiares y amigos cercanos y lejanos? Los aniversarios podrían celebrarse con una sesión fotográfica familiar, captando el crecimiento y los cambios a lo largo de los años, o quizá con una comida en la que cada miembro de la familia cocine un plato, convirtiendo la mesa en una muestra de amor y habilidades culinarias. Incluso los pequeños gestos, como escribir cartas sentidas u organizar una noche de juegos en familia, pueden convertir un día normal en un recuerdo entrañable.

También merece la pena considerar las aventuras al aire libre para las celebraciones familiares. Un picnic en el parque, un día en la playa o una excursión por la naturaleza pueden añadir un refrescante telón de fondo a la alegría de estar juntos. Estas actividades ofrecen un descanso de la rutina y permiten a las familias experimentar cosas nuevas juntas, profundizando su vínculo.

En el centro de estas celebraciones está la conexión emocional y el amor que fomentan. Cada risa compartida, cada vela soplada juntos y cada brindis en honor de un ser querido añaden otra capa a los cimientos de la familia. Estos momentos nos recuerdan la red de apoyo que tenemos, la alegría colectiva y, a veces, los retos compartidos que hemos superado juntos. Refuerzan la idea de que, independientemente de lo que nos depare la vida, la familia sigue siendo una fuente constante de amor y apoyo. Por tanto, celebrar los hitos familiares es mucho más que observar una tradición; se trata de reconocer y valorar el amor y la conexión que unen a la familia. Es un reconocimiento de la importancia de cada miembro en el tejido de la vida familiar y una celebración del viaje colectivo. Así pues, aprovechemos estas oportunidades para reunirnos, celebrar y crear recuerdos duraderos con nuestros seres queridos. Que estas celebraciones sean un reflejo del amor, la risa y la vida compartidos, haciendo que cada momento cuente.

Semana 3: Momentos para atesorar: Más allá de las celebraciones de cumpleaños

Para nosotros, las celebraciones suelen girar en torno a los cumpleaños, pero ¿y si ampliáramos nuestros horizontes? Cuando nos reconocemos cada Logro, grande o pequeño, con el mismo entusiasmo, la La celebración surge de forma natural. La verdad es que esa celebración emana de la autenticidad y la integridad.

La vida está llena de momentos que merece la pena celebrar, momentos que significan crecimiento, cambio y logro. Mientras que los cumpleaños marcan el paso del tiempo, los logros como graduarse, conseguir un nuevo trabajo o alcanzar un objetivo personal marcan nuestro viaje por la vida. Estos hitos merecen reconocimiento, porque son los marcadores de nuestros caminos individuales, que ponen de relieve nuestra perseverancia, dedicación y trabajo duro.

Reconocer nuestros logros refuerza el valor de nuestros esfuerzos y nos motiva para fijar y alcanzar nuevas metas. Es una forma de honrar el camino que hemos recorrido, los obstáculos que hemos superado y el crecimiento que hemos experimentado. Celebrar los logros, ya sean nuestros o de alguien cercano, fortalece las relaciones y construye un ambiente de apoyo y comunidad. Nos recuerda que el progreso, en cualquiera de sus formas, es significativo y merece la pena tomarse un momento para apreciarlo.

Estas celebraciones pueden aumentar nuestra autoestima y confianza. Sirven como recordatorio de nuestras capacidades y del impacto positivo de la persistencia y la resiliencia. Reconocer nuestros éxitos fomenta una mentalidad de crecimiento y aprendizaje continuos.

Cuando se trata de celebrar logros, la creatividad no tiene límites. Más allá de las fiestas tradicionales, hay innumerables formas de honrar los hitos. Aquí tienes algunas ideas para empezar:

- **Reflexión personal:** Dedica tiempo a reflexionar sobre tu viaje. Escribir en un diario sobre tus experiencias, los retos superados y las lecciones aprendidas puede ser una forma profundamente personal de celebrar tu crecimiento.
- **Experiencias compartidas:** Celébralo con quienes te han apoyado a lo largo del camino. Puede ser una cena tranquila con la familia, un día fuera con los amigos o una simple reunión para compartir historias y expresar gratitud.
- **Regalos que simbolizan crecimiento:** Considera la posibilidad de hacerte a ti mismo o a otros un regalo que simbolice el logro. Podría ser un libro relacionado con el próximo objetivo, una joya grabada con una fecha significativa o cualquier cosa que recuerde al destinatario su trayectoria y su éxito.
- **Establecer nuevos objetivos:** A veces, la mejor forma de celebrar un logro es fijando un nuevo objetivo. Esto actúa como un reconocimiento de lo que has logrado y una declaración de tu ambición por seguir creciendo.
- **Conmemora y aprecia los momentos significativos:** Cada año es una oportunidad para crear innumerables recuerdos y

celebrar cada acontecimiento mientras recorremos este viaje de la vida.

Ampliar nuestro concepto de celebración para incluir los logros personales y colectivos enriquece nuestras vidas. Nos anima a apreciar cada paso de nuestro camino, apoya nuestro crecimiento y refuerza nuestras conexiones con quienes nos rodean. Al encontrar formas creativas y significativas de celebrar nuestros logros, no sólo honramos nuestros esfuerzos pasados, sino que también inspiramos los futuros. Así pues, ampliemos nuestra visión de lo que merece la pena celebrar y hagamos de nuestra vida una serie de logros reconocidos, cada uno con su propio motivo de celebración.

Semana 4: Reunidos como uno: La bendición de una comunidad

En el corazón de una comunidad próspera surge la alegría de la celebración, que recuerda a las flores abriéndose al calor del sol. Cada miembro de la comunidad contribuye con su armonía distintiva a la sinfonía colectiva, creando un vibrante tapiz de alegría y conexión.

Las celebraciones van desde exuberantes festivales palpitantes de tambores hasta acogedoras reuniones llenas de risas, que ilustran las fuertes conexiones entre los miembros de la comunidad. Estas ocasiones -ya se trate de cumpleaños, bodas o simplemente de celebrar la vida- sirven como oportunidades para reunirse en comunidad y compartir la felicidad. En una comunidad así, las cargas individuales se aligeran y las penas compartidas disminuyen. A lo largo de los altibajos de la vida, la comunidad permanece unida, proporcionando apoyo, consuelo y fuerza cuando es necesario. Mientras el cielo nocturno centellea con innumerables estrellas, la voz colectiva de la comunidad canta la belleza de la existencia y el sentido de pertenencia. En este tejido comunitario, cada individuo es valorado, y cada momento es un tesoro preciado, guardado para siempre.

En nuestro mundo, el poder y la calidez de la comunidad destacan como un faro de esperanza y conexión. Pertenecer a una comunidad que celebra a sus miembros no sólo es reconfortante; es transformador. En el corazón de la existencia humana está el deseo de pertenecer. Las comunidades nos ofrecen un sentido de identidad y pertenencia que alimenta nuestras almas. Cuando una comunidad se reúne para celebrar a sus miembros, refuerza la idea de que todos tienen valor y un lugar dentro del grupo. Tanto si se trata de un logro importante como de un triunfo personal, celebrar juntos estos momentos refuerza los vínculos entre los miembros y fomenta un sentimiento de unidad.

Las experiencias compartidas son la base de cualquier comunidad. Crean recuerdos que duran toda la vida y construyen el pegamento que mantiene unida a la gente. Piensa en la última vez que participaste en un acto comunitario. La felicidad no estaba sólo en el acontecimiento en sí, sino en ver tu alegría reflejada en los rostros de los que te rodeaban. Desde las tradiciones compartidas hasta el apoyo colectivo en tiempos difíciles, estas experiencias profundizan nuestras conexiones y aumentan nuestro sentido de pertenencia.

Las comunidades lo celebran de muchas maneras, cada una añadiendo su sabor único a la mezcla. Las reuniones religiosas reúnen a la gente en la fe y la gratitud, creando un ritmo de experiencias espirituales compartidas. Los actos culturales, por su parte, ofrecen una plataforma para que las comunidades honren su patrimonio, aprendan unas de otras y refuercen los lazos interculturales. Las iniciativas de voluntariado ejemplifican el espíritu de dar, uniendo a los miembros hacia un objetivo común de marcar la diferencia. Cada forma de celebración es un hilo en el tejido de la vida comunitaria, que añade fuerza y color al conjunto.

La verdadera esencia de la vida comunitaria reside en la participación. Al asumir un papel activo, no sólo contribuyes a la vitalidad de la comunidad, sino que también cosechas las recompensas de unas conexiones más profundas y del crecimiento personal. Participar en actos comunitarios, ser voluntario en iniciativas o simplemente prestar oídos a un vecino son formas de enriquecer la vida de la comunidad y la tuya propia.

Anímate a dar un paso adelante y a formar parte de algo más grande. Tu contribución, por pequeña que sea, puede desatar la alegría e inspirar a otros. Recuerda que el espíritu de la celebración comunitaria se nutre de la inclusión, la empatía y el compromiso activo. Al adoptar estos valores, no sólo mejoras la calidad de tu vida, sino que también contribuyes a una comunidad más conectada, alegre y solidaria.

Así pues, el don de la comunidad es una de las mayores alegrías de la vida. Celebrar la unión, compartir experiencias y participar activamente en la vida de la comunidad son vías hacia relaciones satisfactorias y un sentimiento de pertenencia. A medida que avances, valora estas conexiones, contribuye al tapiz de celebraciones de tu comunidad y saborea la profunda sensación de plenitud que proviene de formar parte de algo más grande que tú mismo. Celebremos juntos la belleza de la unión.

Mi anécdota personal

Para mí, las celebraciones memorables significan reconocer cada hito con la familia, los amigos y la comunidad. Se trata de expresar gratitud, reconocimiento y aprecio por la vida y el éxito.

Uno de los hitos más importantes para nosotros recientemente fue el 65 cumpleaños de mi esposo. Ese mismo año también celebramos la llegada de dos nuevos nietos, un niño y una niña, a nuestra creciente familia.

Para mí, "hacerlo memorable" significa establecer tradiciones familiares que refuercen nuestros lazos y fomenten el sentido de pertenencia de todos. Celebrar juntos vacaciones, cumpleaños o hitos especiales se ha convertido en nuestra forma de crear recuerdos duraderos que nos conectan de generación en generación.

Nuestro objetivo es hacer que cada celebración cuente a lo grande o a lo pequeño. Cada cumpleaños es una oportunidad para honrar los esfuerzos y logros de los demás. Nuestra familia encuentra la alegría en reunirse cada mes, charlar y disfrutar de una comida recién preparada. Cada familia y comunidad tiene su propio ritmo y momentos de celebración. ¡Haz que tu vida memorable cuente celebrando a lo máximo!

Si no has empezado a celebrarlo, que sea hoy el día en que empieces. Una simple reunión con la familia y los amigos puede aportar felicidad y alegría infinitas. Recuerda que las celebraciones no siguen un formato estricto; son una bendición en cualquiera de sus formas.

En lugar de organizar fiestas, mi familia prefiere hacer viajes: cruceros, viajes por carretera, visitas a parques acuáticos o cualquier tipo de viaje por aire, tierra o mar. La comida siempre forma parte de nuestras reuniones. Aunque tenemos debilidad por la cocina hispana, siempre nos gusta probar platos nuevos. El año pasado celebramos nuestro 35 aniversario. Nosotros celebramos este hito visitando nuestra República Dominicana natal en un crucero el pasado mes de junio.

Como forma de reconocer nuestro hito matrimonial, iniciamos la tradición de elegir un regalo en honor al color y la roca, metal o madera específicos asociados a cada año de matrimonio desde nuestro 5th aniversario.

Alcanzar nuestro 35 aniversario fue un marcador significativo de la fortaleza, estabilidad y compromiso mutuo de nuestra relación para superar los retos. Ahora, a punto de cumplir 36 años juntos, hemos experimentado un importante crecimiento personal y emocional. Este aniversario es la prueba de nuestro amor profundo y duradero y de los innumerables momentos felices que hemos compartido, construyendo un fuerte vínculo emocional que ha perdurado en el tiempo mientras perseguimos el propósito de Dios para nosotros, nuestra familia y nuestra comunidad. Cada hito en nuestra familia era y sigue siendo otra oportunidad para celebrar mi vida junto a mi ser querido y reflexionar sobre todos los momentos especiales a lo largo de los años. Me encanta compartir mis experiencias con los demás conectándome a través de las redes sociales. Un simple post; es un momento para recordar el pasado y mirar hacia el futuro con optimismo y esperanza.

¡Estoy haciendo que cuente cada celebración!

Escribe aquí tu anécdota personal

Bendición para el lector

Querido Padre Todopoderoso,

Como se dice: "Alegrémonos y regocijémonos cada día", elevo en oración a todos los que celebran y se regocijan en Tus bendiciones.

Te doy gracias por las ocasiones alegres y los hitos que traen felicidad y plenitud a nuestras vidas. Que Tu presencia se haga sentir profundamente en medio de cada celebración, llenando los corazones de gratitud y amor.

Concede sabiduría y discernimiento a quienes planifican y organizan actos para que puedan crear espacios de alegría, unidad y paz. Que los lazos de amistad y familia se fortalezcan al reunirse para celebrar cada día, mes o año.

Suplico por aquellos que puedan estar atravesando momentos difíciles en medio de las festividades, para que encuentren consuelo y solaz en Tu amor inmensurable. Que Tu luz brille intensamente en sus vidas, guiándoles a través de los desafíos y elevando sus espíritus con esperanza.

Bendice a todos los que se alegran y regocijan cada día con abundancia de gracia, risa y amor. Que se acuerden de Tu fidelidad y bondad en cada momento de celebración. No dejaré de lado a los que están tristes en esta breve petición. También te pido una mayor bendición de alegría y felicidad para que los que están en la tristeza; que empiecen a ver y sentir los recuerdos de la vida con una actitud positiva para ser mas fuertes.

En tu santo nombre, Jesús, te lo pedimos. Amén.

Escribe aquí tu propia oración:

Querido señor

CELEBREMOS!

Mayo - Capítulo 5
Un año lleno de recuerdos con Mamá

¡Hazlo bonito para Mamá!

Durante todo el año,

Los recuerdos florecen,

Mamá es una flor en tu jardín.

Su amor, su dulce fragancia,

En cada estación se ve su belleza.

A través de las tormentas y el sol,

Ella se mantiene fuerte,

Nutriendo, consolando, guiando a lo largo.

Mamá, mi preciosa flor,

Para siempre querida,

¡Eres la más bella!

¡Eres extraordinaria!

¡Eres mi madre!

Bienvenido al calor de la felicidad postinvernal, donde las brisas frías y los chaparrones de principios de primavera se han desvanecido. A medida que avanza mayo, asiste a la vibrante floración de las flores primaverales. Tómate un momento para saborear las alegres melodías del canto de los pájaros, mientras la vida salvaje de la naturaleza se despierta a la alegría de cada nuevo día.

"La vida no viene con un manual. Viene con una madre".

- C. Franklin

"Honra a tu padre y a tu madre, para que tus días se alarguen en la tierra que el Señor, tu Dios, te da".

- Éxodo 20:12

Es momento de contar una historia

El aroma de las galletas recién horneadas llenaba el aire, envolviendo a madre e hija en un manto de nostalgia.

"Oye, cariño, ¿te acuerdas de cuando horneábamos galletas juntas todos los domingos?". La voz de mamá era suave, impregnada de una pizca de nostalgia, mientras cogía la masa de galletas.

"¡Por supuesto, mamá! Ésos eran algunos de mis recuerdos favoritos de la infancia". Los ojos de Joy brillaron al recordarlo, y sus manos se movieron con destreza para dar forma a la masa y convertirla en círculos perfectos.

Chesca, apoyada en la isla de la cocina, sonrió tiernamente ante la escena. "Yo también aprecio esos momentos. Hacer recuerdos contigo es una de las cosas más importantes para mí".

"¿De verdad? Pero ¿por qué son tan importantes los recuerdos?" Joy hizo una pausa, picada por la curiosidad, mientras miraba entre su madre y Chesca.

"Porque son como tesoros que llevamos con nosotros para siempre. Nos recuerdan el amor, la risa y la alegría que hemos compartido juntos". La mirada de Chesca se suavizó, reflejando la profundidad de sus palabras. "Vaya, nunca lo había pensado así. Supongo que nuestros recuerdos son realmente preciosos". Susurró Joy.

"Por supuesto. Y espero que sigamos creando muchos más recuerdos hermosos juntos en los años venideros". La afirmación de Chesca era una promesa, un faro de esperanza para el futuro.

Mientras se horneaban las galletas, el trío se sentó a la mesa de la cocina, sus risas se mezclaban con el sonido del tictac del reloj. Cada momento, cada risa y cada mirada compartida era una historia de amor y conexión que se guardaría durante años.

Semana 1: La visión de una madre es construir un mundo de amor

La visión de una madre para construir un mundo de amor para sus hijos está profundamente arraigada en nutrir sus corazones y mentes con compasión, amabilidad y empatía. Sueña con crear un entorno seguro, inclusivo y solidario en el que sus hijos puedan crecer y prosperar.

A través de sus acciones, les enseña la importancia del respeto a los demás, independientemente de sus diferencias, y el valor de retribuir a su comunidad. Su visión incluye inculcar un sentido de gratitud y aprecio por los placeres sencillos de la vida, fomentar la comunicación abierta y promover la resiliencia y la independencia.

En última instancia, aspira a criar a sus hijos para que sean personas cariñosas, responsables y abiertas que contribuyan positivamente al mundo que les rodea.

Las madres son pilares fundamentales de apoyo, orientación y amor, no sólo en el seno de sus familias, sino también en toda la sociedad. Su influencia trasciende la esfera doméstica, ejerciendo un impacto profundo y duradero tanto en las generaciones futuras como en la comunidad en general. Como cuidadoras primarias, las madres desempeñan un papel fundamental en la crianza de sus hijos, contribuyendo significativamente a su desarrollo emocional, físico y cognitivo. Garantizan el desarrollo adecuado y el bienestar de sus hijos proporcionándoles un entorno seguro y enriquecedor.

En su incomparable capacidad de proporcionar amor incondicional y apoyo emocional, las madres crean un refugio en el que los niños se sienten seguros para compartir sus sentimientos, miedos y aspiraciones más íntimos.

Ofrecen orientación, seguridad y ánimo, permitiendo a sus hijos afrontar los retos de la vida con resistencia y confianza. Más allá del mero apoyo emocional, las madres desempeñan un papel fundamental en el fomento de un entorno doméstico cariñoso y enriquecedor, consolando a sus hijos en momentos de angustia y animándoles.

Defienden la independencia, la autonomía y la autosuficiencia, dotando a sus hijos de las habilidades esenciales, la resistencia y el ingenio necesarios para superar los obstáculos de la vida y perseguir sus sueños sin descanso.

Este profundo papel de las madres en la formación de las personas y, por extensión, de la sociedad, subraya la importancia de reconocer y alimentar el bienestar emocional, físico y espiritual de las propias madres. Del mismo modo que se vuelcan en la vida de sus hijos, las madres también necesitan apoyo, cuidados y aliento para reponer sus reservas de fuerza, sabiduría y amor. Se trata de un ciclo de nutrición que no sólo beneficia a la familia inmediata, sino que se extiende hacia el exterior para enriquecer a la comunidad en general.

Para honrar este papel vital, es esencial que todos los miembros de la familia y la sociedad reconozcan y apoyen las polifacéticas contribuciones de las madres. Esto puede adoptar la forma de apoyo práctico, como compartir las responsabilidades domésticas u ofrecer palabras de aprecio y afirmación. Reconocer los retos a los que se enfrentan las madres y proporcionarles una red de apoyo no sólo las eleva, sino que también refuerza los cimientos sobre los que se asienta nuestra sociedad. Además, para las propias madres, adoptar el autocuidado y el crecimiento personal no es un acto de egoísmo, sino de profunda responsabilidad. Al invertir en su propio bienestar, las madres se aseguran de poder seguir siendo el cimiento de apoyo, orientación y amor del que dependen sus hijos y la sociedad. Esto incluye perseguir intereses personales, buscar el bienestar emocional y físico, y fomentar las conexiones con otros adultos que puedan proporcionar apoyo y ánimo mutuos.

En este viaje de la maternidad, es crucial recordar que la perfección no es el objetivo; más bien, es el compromiso continuo con el crecimiento, el aprendizaje y el amor lo que realmente marca la diferencia. Afrontar los retos y las alegrías de la maternidad con resistencia, gracia y sentido del humor no sólo beneficia a la madre, sino que enseña lecciones inestimables a sus hijos sobre la naturaleza del amor, la importancia de la perseverancia y el valor de aceptar las propias imperfecciones. En última instancia, la historia de la maternidad es una historia de amor duradero y transformación. Se trata de crear un legado de fuerza, compasión y sabiduría que no sólo da forma a las vidas de los niños, sino que también fortalece el tejido de la sociedad.

Al reconocer el papel sagrado de las madres y apoyarlas en este viaje, contribuimos a un mundo que valora el cuidado, nutre la resiliencia y celebra el profundo impacto del amor en su forma más incondicional.

Semana 2: Vivir la maternidad: Amor sincero y estrategias para la plenitud

El papel de una madre, a menudo llamado cariñosamente "mamá", abarca un conjunto diverso y a veces variable de responsabilidades que pueden cambiar en función de la dinámica cultural, social y personal. A pesar de estas variaciones, ciertos deberes fundamentales se asocian comúnmente con la maternidad:

1. **Proveedora**: Las madres suelen asumir la carga de garantizar que se cubren las necesidades básicas de sus hijos, como la alimentación, la vivienda, el atuendo y la atención médica. Este papel puede implicar un empleo fuera del hogar para asegurar la estabilidad económica o una gestión meticulosa de las finanzas domésticas para garantizar el bienestar de la familia.

2. **Educadora**: Las madres desempeñan un papel indispensable en la trayectoria educativa y el desarrollo general de sus hijos. Imparten habilidades vitales cruciales, inculcan valores morales y fomentan un entorno de curiosidad y aprendizaje continuo, que va más allá del entorno tradicional del aula.

3. **Modelo de conducta**: Sirviendo de ejemplo, las madres exhiben los comportamientos, actitudes y ética que desean

que adopten sus hijos. Predicando con el ejemplo, pretenden influir positivamente en sus hijos, estableciendo una norma encomiable a la que puedan aspirar.

4. **Cuidadora**: Adoptando el papel de cuidadora principal, las madres atienden las necesidades físicas y emocionales de sus hijos de forma rutinaria. Esto abarca una serie de actividades que van desde la alimentación y el cuidado personal hasta la asistencia a citas médicas, todo ello para garantizar el bienestar de sus hijos.

5. **Defensora**: Las madres defienden las necesidades y los derechos de sus hijos, garantizando su acceso a oportunidades beneficiosas, recursos y redes de apoyo fundamentales para su desarrollo. Los esfuerzos de defensa pueden abarcar a toda la familia, comunidad o instituciones, abarcando los sistemas educativo y sanitario.

6. **Protectora**: Con un firme compromiso con la seguridad de sus hijos, las madres los protegen vigilantemente de posibles daños, ya sean físicos, emocionales o psicológicos. Se esfuerzan por cultivar un entorno seguro y enriquecedor que refuerce la sensación de seguridad y apoyo de sus hijos.

Asumir el polifacético papel de madre requiere no sólo comprender estas diversas responsabilidades, sino también un profundo compromiso con el crecimiento personal y la resiliencia. El viaje de la maternidad, aunque inmensamente gratificante, también puede ser desafiante y exigente. La maternidad es un maratón, no un sprint. Exige paciencia, tanto contigo misma como con tus hijos. Comprende que cada día conlleva su propio conjunto de retos y oportunidades de aprendizaje. La compasión hacia ti misma y hacia tus hijos en los momentos difíciles puede fomentar un entorno familiar afectuoso y solidario. Reconoce que los errores forman parte del proceso de aprendizaje, y acércate a ellos con un corazón amable y una mente abierta.

El adagio "No puedes servir de una taza vacía" suena especialmente cierto para las madres. Dar prioridad a tu bienestar no es egoísta, sino esencial. El autocuidado puede adoptar muchas formas, desde asegurar un descanso y una nutrición adecuados hasta encontrar tiempo para actividades que rejuvenezcan tu espíritu. Una madre descansada, sana y feliz está mejor preparada para cuidar de sus hijos y hacer frente a las exigencias de la maternidad. La única constante en la vida es el cambio, y esto es especialmente evidente en el viaje de criar a los hijos. Lo que funciona hoy puede no funcionar mañana, y eso está perfectamente bien. Adoptar la flexibilidad y estar abierto a ajustar tus planteamientos puede hacer que el camino de la paternidad sea más suave y agradable tanto para ti como para tus hijos.

Crear un entorno doméstico en el que se valore la comunicación abierta y sincera puede tener efectos profundos en la relación con tus hijos. Les anima a compartir contigo sus pensamientos, sentimientos y experiencias, reforzando el vínculo entre vosotros. Escuchar atentamente a tus hijos puede proporcionarles una sensación de seguridad y apoyo.

La maternidad nunca debió ser un viaje en solitario. Crear una red de apoyo formada por familiares, amigos y otras madres puede proporcionarte recursos, consejos y apoyo emocional de valor incalculable. Del mismo modo, ofrecer tu apoyo a los demás no sólo refuerza tu comunidad, sino que también enriquece tu propia experiencia como madre.

En el ajetreo de la vida cotidiana, es fácil pasar por alto las pequeñas victorias. Sin embargo, estos momentos son los latidos del corazón de la maternidad. Celebrar estas victorias, tanto las de tus hijos como las tuyas propias, puede subirte la moral y motivarte para seguir adelante, incluso en los días difíciles.

Semana 3: Diseñar conexiones duraderas con Mamá

Celebra los momentos cruciales y los logros en la vida de tu madre con entusiasmo y reverencia. Ya sea con motivo de su cumpleaños, del Día de la Madre o de un éxito notable, es esencial reconocer y honrar sus esfuerzos, sacrificios y triunfos. Considera la posibilidad de crear recuerdos personalizados que pueda atesorar durante años, como un álbum de recortes repleto de fotografías y recuerdos, una joya hecha a medida o un objeto hecho a mano con valor sentimental.

Captura vuestros momentos juntos con fotografías o vídeos, conservando esos preciosos recuerdos. Tanto si se trata de una instantánea que capta un estallido de risas como de un retrato meticulosamente arreglado, estos recuerdos visuales sirven como poderosos conductos de nostalgia, capaces de reavivar recuerdos entrañables en los años venideros. La naturaleza fugaz de la vida subraya la importancia de aprovechar al máximo el tiempo que pasamos juntos, disfrutando de cada momento. Entabla conversaciones sinceras, escuchando atentamente las historias, ideas y puntos de vista de tu madre. Demostrar verdadero interés y empatía, reconocer sus emociones y valorar sus experiencias puede reforzar significativamente vuestro vínculo y, en última instancia, crear recuerdos duraderos y significativos.

El acto de conmemorar sus hitos y logros no consiste sólo en la celebración en sí, sino en reconocer su papel en tu vida y el crecimiento mutuo que se deriva de ese reconocimiento. El pensamiento creativo es esencial para este proyecto. Los regalos personalizados que elijas crear son más que meros objetos; son recipientes de tu gratitud y amor. Cuentan una historia de los momentos compartidos y las lecciones aprendidas. Ya sea a través de un álbum de recortes que narra vuestras aventuras compartidas, una pieza de joyería personalizada que lleva un símbolo personal o un regalo hecho a mano que sale directamente del corazón, cada objeto tiene un significado único que trasciende su forma física. Pero más allá de las expresiones tangibles de amor y gratitud se encuentra el núcleo de lo que realmente importa: el tiempo que pasáis juntos y la calidad de vuestras interacciones. Utilizar la fotografía o la videografía para grabar momentos puede ayudarte a preservar esos instantes efímeros, pero ten en cuenta que la experiencia y las emociones que se comparten son lo que realmente hace que esos momentos sean significativos.

Para honrar y celebrar de verdad la presencia de tu madre en tu vida, participa en sus historias y experiencias con un corazón compasivo. Escucha activa y empáticamente, mostrando que valoras sus perspectivas y emociones. Este acto de escucha no es pasivo; es una participación activa en la historia de su vida, un reconocimiento de sus luchas y victorias, y un reconocimiento de su valor y sabiduría.

Sin embargo, recuerda que el objetivo no es sólo crear recuerdos, sino construir una conexión duradera. Se trata de encontrar la alegría en lo cotidiano, aprender el uno del otro y crecer juntos. El viaje de celebrar a tu madre es continuo, una oportunidad continua de mostrar amor, aprecio y respeto. Es una oportunidad para profundizar en vuestra relación y comprender el profundo impacto que tiene el simple hecho de estar presentes en la vida del otro.

Semana 4: La brillantez de Mamá: Homenaje a un héroe presente

Cuidar y honrar a tu madre implica expresar amor, gratitud y consideración tanto con grandes gestos como con interacciones cotidianas. Demostrar tu aprecio y respeto fortalece vuestra conexión, fomentando un entorno de amor y apoyo. Podéis pasar tiempo de calidad juntos, haciendo un esfuerzo consciente por ser parte activa de su vida. Disfrutad de actividades compartidas, como cenar juntos, pasear o ver películas, y atesorad estos momentos. Reconoce la profundidad de tu sabiduría de tu madre y la amplitud de sus experiencias vitales. Cuando te enfrentes a situaciones o decisiones difíciles, busca su consejo y perspicacia. Prepárate para ofrecerle ayuda y apoyo en momentos de necesidad, ya se trate de tareas domésticas, recados o aliento emocional en periodos difíciles. Acostúmbrate a agradecerle todo lo que haga por ti. Un simple "gracias" por sus actos cotidianos, desde preparar una comida hasta ofrecer orientación o simplemente estar presente, puede significar mucho.

Cultivar esta profundidad de gratitud y conexión con tu madre no es sólo un acto de amor: es un viaje transformador que mejora la vida de ambos. Al integrar estas prácticas en tu vida diaria, no sólo fortalecerás vuestra relación, sino que también desarrollarás un mayor sentido de la empatía y la comprensión.

Recuerda que la comunicación es la clave. Los diálogos abiertos y sinceros crean una base de confianza e intimidad. Escucha activamente a tu madre, valorando sus pensamientos y sentimientos. Este intercambio de diálogo no consiste sólo en buscar soluciones, sino en comprender perspectivas. Es una oportunidad para crecer juntos y profundizar en vuestro vínculo a través de las vulnerabilidades y fortalezas compartidas.

Una nota manuscrita, una café sorpresa o un simple cumplido pueden iluminar tu Día de la Madre. Estos gestos de afecto son los hilos que aseguran vuestra relación, cada uno de los cuales refuerza el vínculo que compartís.

Apoyar sus sueños es una forma profunda de demostrar tu amor y respeto. Se trata de devolverle el cariño y el aliento que te ha dado. Este crecimiento mutuo fomenta una relación dinámica en la que ambos podéis explorar nuevos horizontes juntos. Y lo más importante, practica la paciencia y el perdón. Toda relación tiene sus retos, y pueden producirse malentendidos. Aborda los conflictos con un corazón tranquilo y abierto, buscando la resolución y la comprensión. El perdón y la paciencia no son sólo regalos que os hacéis el uno al otro; son componentes vitales de una relación nutritiva y duradera. Tu madre y tú iniciáis un viaje de amor, respeto y crecimiento mutuo para toda la vida cuando adoptáis estos ideales. Este camino no está exento de desafíos, pero las recompensas -una conexión más profunda, vidas enriquecidas y alegría compartida- son inconmensurables. Atesora este viaje, pues es uno de los más profundos que emprenderás jamás.

Mi anécdota personal

Para mí, crear "Recuerdos de mamá" consiste en ser la madre que mis hijas realmente necesitan. Mi aspiración siempre ha sido estar al lado de mis hijas, siendo testigo de su crecimiento y desarrollo en todos los aspectos: físico, académico y espiritual. Habiendo sentido la ausencia de tales momentos en mi propia infancia, anhelaba estar presente en cada hito de la vida de mis hermosas hijas. Afortunadamente, lo conseguí, y ahora ellas también son madres.

No soy ni mucho menos perfecta y he cometido bastantes errores. Sin embargo, un aspecto en el que propuse marcar la diferencia fue en mi amor y dedicación para criarlas como princesas. Exigió incontables horas, días, meses y años de cuidados, alimentación y afecto. Más que nada, requería fortaleza, paciencia, empatía y, sobre todo, amor incondicional. Criar a mis hijas exigió incontables horas de dedicación y amor, que implicaron varios actividades que dieron forma a su crecimiento y desarrollo. Un recuerdo que atesoro es un simple día de colada, lavando y doblando su diminuta ropa. Otro recuerdo es el de lavar y arreglar el pelo de tres niñas con mechones largos todos los sábados. Estos pequeños actos de cuidado y crianza eran profundamente significativos para todos. Ayudar y completar los deberes diarios y los proyectos escolares era un deber importante para nosotros. Recuerdo que nos sentábamos a la mesa a cenar, repasábamos las tareas e intercambiábamos ideas para los proyectos escolares. ¡Era muy divertido! Estos momentos no sólo tenían que ver con lo académico, sino también con estrechar lazos y aprender juntos.

Visitar museos encendió la curiosidad y el sentido de la maravilla de mis hijas. Las exponía a la historia, el arte, la ciencia y las diversas culturas, haciendo que el aprendizaje fuera interactivo y atractivo para mayores y pequeños. Ver cómo se les iluminaban los ojos al ver artefactos antiguos o instalaciones de arte moderno no tenía precio. ¡Estoy haciendo que cuente!

También hacíamos viajes regulares a bibliotecas y librerías para cultivar el amor por la lectura y el aprendizaje permanente. Estas visitas eran algo más que simples paseos; eran oportunidades para explorar nuevos mundos a través de los libros y fomentar un hábito de lectura que los acompañaría toda la vida.

Pasábamos bien las vacaciones viajando y explorando distintos estados. Sabía que esto ampliaría sus conocimientos geográficos y su aprecio por la diversidad. Viajar introdujo a mis hijas en diversos paisajes, tradiciones y estilos de vida. Estas nuevas experiencias las animaron a ser inquisitivas y respetuosas con las diferencias, ampliando su comprensión del mundo. Estos momentos enriquecieron la vida de mis hijas. Ahora, como adultas, emprenden sus propios viajes, llevando consigo el amor por el aprendizaje, la curiosidad y el respeto por la diversidad que cultivamos juntas. Ahora, esos momentos se han transformado en recuerdos entrañables, desde su infancia y adolescencia hasta la edad adulta actual. En la actualidad, dedicamos tiempo a rezar por ellos y por sus propias familias, a bendecirles durante todo el año y a guardar para siempre estos momentos tan preciados en nuestros corazones.

Ahora que mis hijas florecen en la vida de sus propios hijos, encuentro una inmensa alegría y satisfacción en presenciar el nacimiento de todos mis nietos. ¡Fue un privilegio para mí!

¡El momento único y memorable de cada una de mis hijas fue un momento para contar!

Cada nacimiento llenó mi corazón de alegría, gratitud y un aprecio renovado por el milagro de la vida. En esos momentos, me sentí inmensamente bendecida por presenciar la maravilla del nacimiento y la oportunidad de dar la bienvenida al mundo a mis nuevos nietos o nietas.

Ser testigos de estas experiencias únicas fue un momento sagrado, grabado eternamente en nuestra memoria, que nos recordó el poder perdurable del amor y de los lazos familiares.

Tener una madre es una bendición que hay que apreciar, y ser madre es una gracia y un favor que se nos concede.

¡Estoy haciendo que cuente mi maternidad!

Escribe aquí tu anécdota personal.

Bendición para el lector

Querido Padre Todopoderoso,

Nos presentamos hoy ante Ti con el corazón rebosante de agradecimiento por el don divino de la maternidad.

Estamos profundamente agradecidos por nuestras madres, que enriquecen nuestras vidas con su amor, sabiduría y gracia. Te suplicamos que otorgues a cada madre la fuerza y la vitalidad necesarias para navegar por las polifacéticas funciones y responsabilidades que lleva consigo. Haz que sea constantemente consciente de Tu presencia y Tu guía, que sienta Tu amor envolviéndola y dirigiendo su camino en cada momento.

Concédele la sabiduría y la perspicacia necesarias para abrazar las alegrías y superar los retos de la maternidad. Equípala de paciencia y comprensión mientras cría a sus hijos, guiándola para que tome decisiones que te glorifiquen y traigan bendiciones a su familia.

Clamamos para que Tu abrazo protector rodee a nuestras madres, salvaguardándolas del daño físico y espiritual. Protege sus corazones y mentes de la ansiedad, el miedo y la duda. Imbúyelas de Tu paz que trasciende el entendimiento, reforzando su fe en Tu plan soberano para sus vidas y sus familias.

Que nuestras madres experimenten una profunda alegría y plenitud en su maternidad, encontrando satisfacción y propósito cada día. Que saboreen los momentos fugaces con sus hijos, regocijándose en los pequeños placeres y conmemorando los hitos significativos. Elevamos a Ti, Señor, nuestras madres, reconociéndote como fuente de toda fuerza, sabiduría y amor. Derrama sobre ellas Tus bendiciones, permitiendo que sus vidas reflejen Tu gracia y benevolencia. Concédenos a los lectores, la gracia de seguir forjando recuerdos inestimables con sus madres o hijos, atesorando cada momento compartido.

En tu santo nombre, Jesús, te lo pedimos. Amén.

Escribe aquí tu propia oración.

Querido señor

Junio - Capítulo 6
Los recuerdos de Papá

¡Haz que cuente todo el tiempo!

Puedo llamarte papá, padre o papi,

En tus brazos, encuentro consuelo.

Tu amor, una luz que me guía,

En la oscuridad, eres mi brújula.

Por siempre querido, por siempre amado.

Bienvenido a junio, un mes en el que los días se alargan y empieza a florecer la promesa del verano. A medida que nos adentramos en este vibrante mes, notarás que el tiempo se calienta maravillosamente, ofreciendo unas condiciones perfectas para las actividades al aire libre. Disfruta de las suaves brisas que atemperan el calor del mediodía y de las tardes templadas, ideales para dar paseos tardíos o cenar temprano bajo el cielo abierto. El tiempo de junio te invita a disfrutar del aire libre, ya sea tomando el sol en un parque local, embarcándote en excursiones de fin de semana o simplemente disfrutando de los exuberantes y verdes paisajes que otorga esta época del año. Es un periodo maravilloso para rejuvenecer y abrazar el animado espíritu de principios de verano.

"Cualquier hombre puede ser padre, pero hace falta alguien especial para serlo".

- A. Geddes

"Honra a tu padre y a tu madre, para que tus días se alarguen en la tierra que el Señor, tu Dios, te da".

- Éxodo 20:12

Es momento de contar una historia

Jeremías se balanceaba suavemente en la hamaca del patio trasero, el crujido de las cuerdas se mezclaba con los gorjeos de los pájaros del atardecer. Estaba ensimismado en su libro cuando notó la figura de su abuelo entre las hojas, caminando hacia él con paso pensativo.

"Abuelo", saludó Jeremías, marcando su página con un dedo.

"Oye, campeón, hoy quería hablarte de algo importante", le dijo su abuelo, sentándose en el borde de la hamaca.

"Claro, ¿qué pasa, abuelo?".

"Bueno, últimamente he estado pensando mucho en tu bisabuela, y eso me ha hecho reflexionar sobre la importancia de los recuerdos".

"¿Sí? ¿Qué pasa con ella?"

"Sabes, tu bisabuela era una mujer increíble. Me enseñó mucho sobre la vida, el amor y la familia. Y ahora que se ha ido, son sus recuerdos los que guardo con cariño".

El rostro de Jeremías se suavizó: "Sé que la echas de menos, abuelo. Pero ¿por qué son tan importantes los recuerdos?".

Los ojos de su abuelo eran amables mientras le explicaba: "Porque son los que mantienen vivos a nuestros seres queridos en nuestros corazones. Aunque ya no esté aquí físicamente, sus recuerdos siguen conformando quiénes somos y cómo vivimos nuestras vidas."

"Vaya, nunca lo había pensado así".

"Sí, los recuerdos tienen una forma de conectarnos con nuestro pasado, de enraizarnos en el presente y de inspirarnos para el futuro. Así que.., valoremos los recuerdos que tenemos de tu bisabuela y sigamos creando otros nuevos en familia".

"Me gusta esa idea, abuelo. Gracias por compartirla".

"Cuando quieras, colega. Ahora, ¿qué tal si revisamos algunos viejos álbumes de fotos y recordamos los buenos tiempos con la bisabuela?".

"Me parece muy bien, abuelo. Hagámoslo".

Entraron en el salón, donde la luz del sol que entraba por la ventana estaba salpicada de polvo. Los álbumes de fotos estaban apilados ordenadamente en la estantería, cada uno un depósito de momentos congelados en el tiempo. Jeremías bajó uno y se acomodaron en el sofá, con el cuero frío contra la piel.

Mientras hojeaban las páginas, su abuelo señaló una foto de la bisabuela de Jeremías en la playa. "Mírala ahí, siempre la primera en zambullirse en las olas", se rió entre dientes.

Jeremías sonrió, absorbiendo la imagen de una bisabuela más joven, con el pelo azotado por la brisa marina, su risa casi audible a través de la fotografía.

"Y aquí está la de su fiesta de 70th cumpleaños", dijo su abuelo, tocando una foto de una sala abarrotada y llena de globos. Jeremías se fijó en cómo centelleaban los ojos de su bisabuela en la foto; era extraño pensar en cuánta vida había visto, en todas las historias que encerraban aquellas páginas.

Siguieron pasando las páginas, y cada fotografía despertaba una historia, un fragmento de una vida que, aunque pasada, seguía vibrando con vitalidad en sus recuerdos compartidos. La tarde se desvanecía en el anochecer, la habitación se oscurecía a su alrededor, pero ninguno de los dos hizo ademán de encender una luz. El sonido de las sirenas que iniciaban su canto nocturno en el exterior se mezclaba con el suave golpeteo de las páginas al moverse. Aquí, en la tranquila comodidad de la reminiscencia, Jeremías sintió una profunda conexión no sólo con la bisabuela a la que echaba de menos, sino con el linaje familiar que se extendía detrás y delante de él, vivo en las historias y conservado en la letra impresa.

Semana 1: Papá, el ingeniero: El lider familiar

En el bullicioso centro de la vida familiar, es fácil pasar por alto las silenciosas contribuciones de un padre, que a menudo actúa más como ingeniero jefe que como simple figura parental. Esta semana, nos centramos en los padres, reconociéndolos no sólo como apoyo, sino como constructores fundamentales de la estructura familiar.

Piensa en una familia como en una casa en la que cada miembro aporta un bloque único a los cimientos. Los padres suelen ser la piedra angular, que sostiene la estructura en las buenas y en las malas. No se trata de las cosas materiales que proporcionan; se trata más bien de la estabilidad emocional, las lecciones de vida y el ejemplo personal que dan.

Empecemos por la estabilidad. ¿Recuerdas cuando eras niño y pensabas que tu padre podía arreglar cualquier cosa, desde un juguete roto hasta un corazón roto, con el mismo juego de herramientas? Ya fuera con un destornillador o con un abrazo reconfortante, los padres tienen esa extraña capacidad de arreglar las cosas. Esto no es sólo nostalgia; es la esencia de lo que hace que los padres sean tan cruciales. Su presencia constante en casa puede ser tan reconfortante como el zumbido constante de un frigorífico. Siempre está ahí, esperas que esté ahí, y aunque no sea el electrodoméstico más llamativo, es indispensable. Ahora, sobre los ejemplos. Si un padre trata a la gente con respeto, lo más probable es que sus hijos lo capten. Es como cuando un padre se disculpa después de perder los nervios en un partido de fútbol; enseña más sobre humildad y responsabilidad de lo que podría enseñar un libro de texto. No se trata sólo de decir a los niños lo que deben hacer; se trata de demostrárselo en tiempo real, a menudo bajo presión real.

Además, los padres influyen en la dinámica familiar de formas únicas. Piensa en un padre que en una barbacoa familiar delega quién hará qué. El tío Joe asa las hamburguesas, la tía Sue prepara la ensalada y los niños ponen la mesa. No se trata sólo de dividir las tareas; es una clase magistral de trabajo en equipo y liderazgo, todo en uno. Al orquestar esto, los padres destacan los puntos fuertes de cada uno y enseñan silenciosamente el arte de la colaboración y el respeto por las funciones de los demás.

Para las actividades de esta semana, ¿por qué no te sumerges en la narración de historias en familia? Es una forma estupenda de reconocer el papel fundamental de los padres. Podéis reuniros en torno a una sala de estar, celebrar una reunión virtual o incluso tener un chat de grupo familiar y compartir historias sobre las veces que papá salvó el día, tomó una decisión difícil o simplemente estuvo ahí cuando más se le necesitaba. Estos relatos no sólo acercan a las familias, sino que también refuerzan el valor del papel del padre.

Considera la posibilidad de lanzar una campaña en las redes sociales titulada "¡Papá lo hizo!" en la que todo el mundo pueda publicar una pequeña historia sobre algo memorable que haya hecho su padre, ya sea hilarante, heroico o conmovedor. Podría ser sobre la vez que papá intentó arreglar una gotera y acabó inundando la cocina, pero luego lo convirtió en una improvisada fiesta en la piscina cubierta. Participar en seminarios web o charlas comunitarias sobre las repercusiones psicológicas y emocionales de la implicación de un padre también puede ser esclarecedora. Es una oportunidad para debatir, con expertos y compañeros, los efectos menos visibles de tener un padre comprensivo, desde el aumento de la autoestima en los niños hasta la mejora de la inteligencia emocional.

Esta semana ha quedado claro que los padres hacen algo más que contribuir a su familia: la construyen, la apoyan y se aseguran de que sea un lugar donde todos se sientan valorados y conectados. Así que brindemos por papá, el héroe anónimo de la vida familiar, el ingeniero jefe de nuestro bienestar cotidiano.

Semana 2: Papá, la remezcla

La paternidad no es sólo una conexión biológica; es un trabajo para toda la vida que tiene muchas versiones. Piensa en ella como si fuera tu aplicación favorita: siempre actualizándose a versiones mejores con nuevas funciones. En "**Papá: The Remix**", nos sumergimos en el universo ampliado de la paternidad, que incluye padrastros, padres adoptivos, padres de acogida y todos los demás hombres maravillosos que dan un paso al frente en la paternidad.

Un remezcla, por definición, implica cambio y reorganización. Desde mi experiencia personal, el cambio ha afectado a la composición de la familia. Durante muchos años o generaciones, no teníamos un padre presente en todos los hogares; o se marchaba o fallecía. En la sociedad actual, diversa y abierta, vemos ahora diversas formas de estructuras familiares, incluidas las que tienen padres adoptivos.

Imagínate a un padrastro que entra en una familia y de repente se encuentra como entrenador no oficial de un equipo de fútbol alevín. Ahí está, aprendiendo la regla del fuera de juego a base de ensayo y muchos errores, todo porque le importa. Eso es la paternidad, al estilo remix.

Puede que los tíos no estuvieran allí para los primeros pasos, pero están en primera fila para muchos de los hitos de la vida. Los padres adoptivos, como Tom, crean su propia versión de la paternidad. Puede que Tom no parezca el padre de su hija de origen coreano por su aspecto, pero le enseña a montar en bici, a vendar rodillas raspadas y a resolver los difíciles deberes de matemáticas. Es papá, no necesita asteriscos. ¿Y esos formularios del colegio que siguen preguntando por los "verdaderos" padres? Tom tiene una respuesta estándar: "Sí, ése soy yo; soy tan real como ellos".

Luego está Marcus, un padre de acogida que ha abierto su hogar a varios niños a lo largo de los años. Cada niño viene con su propio conjunto de retos y triunfos, y Marcus está ahí para todo. Conoce el poder de la estabilidad y de una presencia fiable. Así que, tanto si se trata de celebrar una pequeña victoria, como un día de éxito en el colegio sin una llamada al despacho del director, como una grande, como la graduación del instituto, Marcus está ahí, animando más fuerte que nadie.

Las entrevistas con estos padres tan diversos revelan un tema universal: quieren a sus hijos, independientemente de cómo hayan llegado a sus vidas. Hablan de los retos, como mezclar familias o conectar con un niño que ha visto demasiadas despedidas. Pero también comparten las victorias que se consiguen con persistencia, paciencia y mucho amor.

Los paneles y debates con estos padres pueden enseñarnos a todos algo sobre las diversas formas de crianza y apoyo. Destierran el mito de que sólo hay una forma correcta de ser padre. Cada chiste de padres está calibrado para el máximo gemido, cada mirada severa está templada con amabilidad, y cada consejo viene con el peso de la experiencia. Estos padres saben que el ADN no define su papel, sino las acciones cotidianas que realizan para apoyar y guiar a sus hijos. Esta semana, queda claro que "Papá: The Remix" no es sólo una celebración de estos hombres; es una llamada a reconocer y apreciar las diversas formas de paternidad que nos rodean. Se trata de reconocer que, aunque el camino hacia la paternidad puede variar, el destino es el mismo: un hijo bien amado. Así que brindo por los padres que han tomado algunos desvíos, se han enfrentado a algunas carreteras secundarias e incluso han atravesado un poco de desierto para reclamar el título de "Papá" en todas sus formas. Por las remezclas, que hacen suya la paternidad, chiste a chiste.

Semana 3: Bromas de papá y recuerdos que se quedan

Hablemos de crear recuerdos con papá, porque, sinceramente, ¿quién nos ha regalado momentos más inolvidables que el tipo que dice que puede arreglar cualquier cosa con cinta aislante o el héroe que nos mete galletas de más en la fiambrera? La creación de recuerdos duraderos no consiste sólo en los momentos de las tarjetas de felicitación; son las bromas cotidianas y las conversaciones sencillas las que realmente perduran.

Lo primero es lo primero: los recuerdos no son sólo "grandes cosas", como los viajes al Gran Cañón o las fiestas de cumpleaños elegantes. Claro que son geniales, pero piénsalo. Algunas de vuestras mejores risas probablemente surgieron de una pelea improvisada con globos de agua un sábado caluroso o de aquella vez que papá intentó hacer la cena y acabó convirtiendo la cocina en una escena de una comedia de situación. Son estas aventuras cotidianas las que a menudo crean los vínculos más profundos. ¡Haz que cuenten!

Entonces, ¿cómo hacemos que estos momentos cotidianos cuenten? He aquí una idea: ¿por qué no empezar con una sesión de cuenta cuentos? Imagínatelo. Cada cena de domingo termina con una historia de papá, contando sus travesuras infantiles o el día en que naciste. Esto no sólo mantiene viva la historia familiar, sino que también muestra el lado más alegre de papá, haciéndolo más cercano y accesible. Además, es una forma garantizada de provocar algunas risas (o miradas de reojo) alrededor de la mesa.

Los talleres son otra forma fantástica de estrechar lazos. No tienen por qué ser lujosos: piensa en un simple proyecto de bricolaje en casa, como construir casitas para pájaros o montar un huerto. Estas actividades no sólo son divertidas, sino que también ofrecen oportunidades para aprender y pasar tiempo de calidad juntos. Imagina el orgullo en la cara de tu hijo cuando vea que los pájaros acuden en bandada a la casa que ha construido con papá. Y cada vez que miren por la ventana y la vean, recordarán aquel día de risas, serrín y quizá unos cuantos clavos doblados.

No olvidemos el poder de la era digital. Las publicaciones interactivas en las redes sociales pueden animar a las familias a compartir sus experiencias del "Proyecto Papá" en Internet, creando un ambiente de comunidad. Añade un reto como "¿Quién puede hacer el mejor castillo de cartón?" y tendrás una competición amistosa llena de creatividad y oportunidades para estrechar lazos. También es una excusa perfecta para que los padres muestren su destreza en la construcción de fortalezas, o la falta de ella, que puede ser igual de entrañable.

Al crear estos recuerdos, la clave es la constancia. No se trata sólo de hacer algo una vez y darlo por terminado. Se trata de crear una rutina que incorpore estos pequeños proyectos y momentos a tu vida diaria. ¿Por qué esperar a una ocasión especial para crear recuerdos cuando puedes hacer que cada día sea especial a su manera? Esta semana, el objetivo no es crear un momento perfecto, sino disfrutar a fondo de los imperfectos. Al fin y al cabo, ¿no son las risas imprevistas y el karaoke espontáneo en el salón son las cosas que más acabamos recordando? Así que adelante, deja que papá dirija la siguiente canción. Aunque cante la letra equivocada, serán las sonrisas y las palabras tontas las que recordaremos, comentaremos y apreciaremos durante años.

Semana 4: Dadvice, la guía del guidismo

Permitame repasar que la guía del guidismo es una guía de sabiduría con prácticas de enseñanzas de valor, principios sólidos y apoyo para los padres e hijos. Dadvice ofrece herramientas para guiar con amor, paciencia y firmeza moldeando tanto a los padres como a los hijos. Y prepararlos par un future. En nuestra búsqueda en constante evolución para comprender la dinámica única de la paternidad, hay un aspecto que destaca continuamente: el profundo impacto del compromiso activo y la comunicación entre los padres y sus hijos. No se trata de un "Buen trabajo, chaval" ocasional en un partido de fútbol, sino de una implicación profunda y sostenida en la vida cotidiana del niño. Este tipo de orientación convierte a un padre no sólo en padre, sino también en mentor y confidente.

Imagina a un padre y a su hijo adolescente construyendo una maqueta de avión. Hay pegamento por todas partes, las instrucciones se han convertido en confeti, y ni hablemos de las calcomanías que han acabado en el pelaje del perro. Puede que a primera vista no parezca un momento muy educativo, pero es un excelente ejemplo de participación activa. A través de esas experiencias compartidas, un padre imparte paciencia (porque ese pegamento nunca se seca a tiempo), precisión (un movimiento en falso y el ala está al revés) y perseverancia (sí, están empezando de nuevo... Otra vez). Son estos momentos los que construyen no sólo aviones, sino relaciones.

La comunicación, columna vertebral de este compromiso, también exige algo más que los habituales interrogatorios del tipo "¿Qué tal el colegio?", que conducen a callejones sin salida monosilábicos. Una comunicación eficaz implica una auténtica curiosidad por lo que despierta el interés del niño.

Se trata de hablar de la última película de superhéroes no para criticar los agujeros de la trama, sino para sumergirse en una conversación sobre lo que está bien, lo que está mal y las zonas grises intermedias. Se trata de escuchar, escuchar de verdad, lo que se dice y lo que no se dice.

Los talleres sobre habilidades de comunicación para padres e hijos pueden cambiar las reglas del juego. Imagínate un taller de sábado por la mañana en el que padres e hijos se emparejan para construir la torre de espaguetis y malvaviscos más alta. Entre risas y dedos pegajosos, la verdadera construcción tiene lugar con los cimientos de su comunicación. Los padres aprenden el fino arte de entrenar en lugar de mandar, y los niños se sienten escuchados, no sólo arreados.

El papel de un padre como guía también se extiende a ser un gran consejero. No del tipo que dicta los caprichos de la bolsa a un niño de nueve años, sino del que ayuda a descifrar las cosas difíciles, como enfrentarse a los matones o gestionar los primeros desengaños amorosos. Se trata de dotar a los niños de las herramientas necesarias para afrontar los altibajos de la vida. Bajo esta luz, los padres se convierten menos en ejecutores de las normas y más en iluminadores de las turbias aguas de la vida.

Y luego está la última campaña, en la que los niños comparten las lecciones que han aprendido de sus padres. Esto no es sólo conmovedor, es revelador. Desde aprender a hacerse el nudo de la corbata hasta comprender el valor de la honradez por encima de la comodidad, estas historias celebran y subrayan las enseñanzas únicas de los padres. No es raro oír a un adolescente admitir: "Aprendí de mi padre que está bien fracasar, pero no está bien rendirse", captando la esencia de la resistencia inculcada por la guía de un padre.

Esta semana, "Dadvice" no trata sólo de ser mejor padre, sino de adoptar el papel de guía permanente que navega por el difícil pero gratificante viaje de criar a un hijo. Padres que se comprometen activamente y se comunican eficazmente no sólo están educando a sus hijos; están educando a futuros líderes, pensadores y emprendedores. Así que, por convertir las interacciones cotidianas en lecciones para toda la vida, una broma de papá cada vez.

Si estás leyendo esto como padre ausente, haz que cuente acercándote a tus hijos. Reflexiona sobre tu comportamiento y tu estilo de vida lejos de tus hijos: considera los cambios que necesitas hacer ahora, haz que funcionen y vuelve a conectar.

¡Conviertete en un padre presente!

Aún estás a tiempo, y tienes ante ti la oportunidad de continuar donde lo dejaste. Ayuda a tus hijos. Da un giro de 180 grados y vuelve a empezar estando presente en sus vidas. Cread una familia y cread recuerdos juntos.

Mi anécdota personal

¡Haz que este año sea memorable para papá! En nuestra familia, mi esposo desempeña el papel especial de papá. A lo largo de los años, atesoramos recuerdos con él. Es realmente nuestro héroe. Disfruta llevándonos en coche a todos los estados de EE.UU., y le encanta cocinar para nosotros, que es su forma de demostrarnos su afecto. Expresa su amor y cariño de innumerables maneras.

El verano de 2015 fue especialmente memorable para nosotros. Fue nuestro primer crucero como familia de siete miembros en aquel momento. Viajamos a las pequeñas islas del Caribe. Ese año fue nuestro 27th aniversario, y nuestra hija se licenció. Mi esposo estaba muy emocionado. Lo pasamos muy bien y guardamos muchos recuerdos de cada puerto. De todos nuestros viajes y vacaciones, el recuerdo favorito de papá es nuestro viaje a Phoenix, Arizona, sobre todo a las ciudades de Sedona y al Parque Nacional del Gran Cañón. Papá es un conductor excelente. En este viaje, nos llevó hasta Sedona, que está a 1.500 metros sobre el nivel del mar. No sabes realmente lo que se siente hasta que conduces y lo experimentas por ti mismo.

Sedona es una impresionante ciudad desértica conocida por sus impresionantes formaciones de arenisca roja y su vibrante escena artística, con escarpadas paredes de cañón y bosques de pinos. Pasamos una semana entera explorando e incluso condujimos hasta la mitad del trayecto en tren para llegar al Gran Cañón.

No teníamos ni idea de que habría tantas curvas y altas montañas por el camino, casi como si alargáramos la mano para tocar el cielo neblinoso que teníamos encima. Con las manos sudorosas y frías, mi esposo nos condujo, sin saber qué esperar, pero confiando en sus habilidades al volante, llegamos a nuestro destino cada día. Llegamos sanos y salvos y disfrutamos de verdad cada día en Arizona. ¡Gracias, papá!

Tener un padre es una bendición, y ser padre es una cuestión de gracia y favor.

¡Estoy haciendo que la influencia de papá realmente importe en nuestras vidas!

Escribe aquí tu anécdota personal.

Bendición para el lector

Querido Padre Todopoderoso,

Tu palabra dice: "Padres, animad y consolad a vuestros hijos".

En Tu amor y misericordia, has colocado un padre en cada familia para que cuide y proteja. Hoy acudo a Ti con el corazón lleno de gratitud por la bendición de todos los padres presentes. Te doy gracias por la fuerza, la sabiduría y el amor constante que comparten desinteresadamente.

Te ruego que le guíes y protejas continuamente, tanto física como espiritualmente. Concédele las fuerzas y el valor que necesitan para afrontar los retos de la vida con gracia y resistencia. Que sientan Tu presencia a su lado a cada paso que dén.

También intercedo por ese lector en este momento que es un padre ausente y quiere ser padre presente. Abre su corazón y su mente para que vea su oportunidad de volver y cumplir su papel y su misión, y crear recuerdos duraderos para que un día cuenten.

Ayúda a los padres a ser maestro, mentor, pastor y todo aquello para lo que Tú le has equipado con tu gracia.

Señor, bendice a todo padre que lea este libro con buena salud, abundante alegría y un profundo sentimiento de paz. Que siempre sepa cuán profundamente es apreciado y valorado por su familia.

Concédele sabiduría y discernimiento mientras dirige y guía a su familia, y que su amor por Ti brille intensamente en todo lo que hace. Encomendamos a estos padres en Tus manos amorosas, sabiendo que siempre estás velando por ellos. Que Tus bendiciones caigan sobre ellos hoy y siempre.

En Tu santo nombre, Jesús, te lo pedimos. Amén.

Escribe aquí tu propia oración.

Papá

Querido señor

Papá

Julio - Capítulo 7
El ministerio

¡Que tu ministerio sea marcado por la compasión!

En el suave despertar de la mañana, un susurro suave y
Delicado te llama al servicio, te inspira a dar.
No es simplemente un deber,
Ni un camino ya conocido por tus pies,
Sino una sagrada invitación a ministrar,
La obra silenciosa de Dios
En cada acto de bondad, en cada palabra de
Cariño, el Ministerio adopta sus múltiples formas
En el amor que compartimos.
Desde predicar palabras de sabiduría hasta,
Una mano que ayuda.
Cada uno representa una ofrenda divina,
Una porción de la vida consagrada.

Bienvenidos a julio, un mes cuyo calor estimula la vegetación exuberante y el florecimiento de las flores, invitando a la gente a pasar más tiempo al aire libre. Julio es un mes que palpita con la vida y la energía del verano, perfecto para salir a la playa, ir de picnic y observar las estrellas hasta altas horas de la noche bajo cielos despejados.

"No hagáis nada por ambición egoísta o vanagloria. Más bien, con humildad, valorad a los demás por encima de vosotros mismos, no mirando por vuestros propios intereses, sino cada uno por los intereses de los demás."

-Filipenses 2 :3-4

"Como cada uno ha recibido un don, usadlo para serviros unos a otros, como buenos administradores de la multiforme gracia de Dios".

-1 Pedro 4:10

"El verdadero carácter del ministerio es un corazón de siervo".

-H.J. Warner

"Utiliza tu ministerio para construir personas, no personas para construir tu ministerio".

-J.K. Heasley

Es momento de contar una historia

Elena se apartó un mechón de pelo de la cara mientras observaba el desordenado centro comunitario, que zumbaba con el murmullo de viejos amigos que se reencontraban y extraños que se conocían. A su lado, Martin acomodó una pila de sillas con estrépito.

"Entonces, ¿de verdad crees que ésta es tu vocación?" preguntó Martin, con una mezcla de escepticismo y auténtica curiosidad en la voz.

Elena sonrió y sus ojos se iluminaron con una especie de emoción silenciosa. "Creo que sí. No se trata sólo de ser útil; se trata de sentirse bien, ¿sabes?".

Martin asintió, apoyándose en la pared recién pintada, con los brazos cruzados. "Entiendo lo de ser útil. Pero, ¿cómo averiguas si es realmente tu vocación?".

Elena hizo un gesto alrededor de la bulliciosa habitación. "¿Ves a la señora Ramírez? Señaló a una anciana que dirigía a un pequeño grupo que preparaba un puesto de comida. "Me dijo la semana pasada que estas reuniones le hacen sentir que vuelve a formar parte de algo más grande, sobre todo después de la muerte de su esposo. Y luego está John", añadió, señalando con la cabeza a un joven que organizaba libros en una estantería. "Acaba de salir del reformatorio y ya está ayudando aquí en vez de estar en la calle".

"¿Y crees que has ayudado en eso?". El tono de Martin era curioso, no acusador.

"Me gustaría pensar que sí. Pero es más que eso. Es... Verlos transformarse, ayudar a unir a una comunidad. Es poderoso, Martin". Martin se quedó pensativo, con la mirada fija en John. "Y esos... Dones de los que hablabas antes. ¿Cómo influyen en todo esto?

Elena se sentó en una de las sillas desocupadas, con las manos juntas. "Todos tenemos algo único que ofrecer. Es decir, tú con tu don para organizar y yo... Quizá se me dé bien animar a la gente, reunirla".

"Entonces, ¿estás diciendo que aquí cada uno tiene un papel específico? ¿Como las partes de un cuerpo que trabajan juntas?" Martin parecía intrigado.

"¡Exacto!" Elena se inclinó hacia delante, desbordando entusiasmo. "Cuando cada uno utiliza sus dones, por grandes o pequeños que sean, se crea armonía. Es como..." Hizo una pausa, buscando la analogía adecuada.

"¿Como una orquesta?" ofreció Martin.

"¡Sí! Exactamente igual que una orquesta. Cada persona toca un instrumento diferente, contribuyendo a una melodía mayor".

Martin se rió entre dientes. "¿Y qué pasa con los que aún no conocen su instrumento? ¿O los que tienen demasiado miedo a tocar?

"Ésa es la parte en la que se pasa del miedo a la fe", dijo Elena con suavidad. "Les animamos, les ayudamos a encontrar su sintonía. Como con John, tardó en abrirse, pero mírale ahora".

Martin volvió a seguirla con la mirada, observando cómo John se reía con un grupo de niños. "Es impresionante, Elena. Lo reconozco".

"Y piénsalo", continuó Elena, con voz suave pero persuasiva, "si todos hiciéramos algo así, a nuestra manera, ¿no haría eso que el mundo fuera un poco mejor?". Martin se apartó de la pared y una lenta sonrisa se dibujó en su rostro. "Estás presentando un caso convincente. Quizá aún encuentre mi instrumento".

La risa de Elena sonó clara y brillante. "Estoy segura de que lo harás. Y cuando lo hagas, estaré aquí para verlo".

Cuando se volvieron hacia el torbellino de actividad, el centro comunitario ya no parecía sólo un viejo edificio desordenado, sino un lugar donde el miedo se estaba convirtiendo lentamente en fe, un acto de servicio cada vez.

Semana 1: Responder al llamado a servir

Cuando hablamos de ministerio, muchos se imaginan un púlpito y unos bancos, pero eso es sólo una pequeña parte de lo que puede suponer servir a los demás. En el fondo, el ministerio consiste en responder a una llamada que resuena profundamente en nuestro interior, una llamada a ayudar, guiar y enriquecer la vida de los demás. No es simplemente un deber que uno cumple; es una llamada profunda y, de hecho, una bendición.

Piensa en alguna ocasión en la que hayas ayudado a alguien, quizás escuchándole en sus momentos difíciles o echándole una mano sin que te lo pidiera. Recuerda cómo te hizo sentir. Ayudar a menudo aporta una sensación de plenitud y alegría difícil de encontrar en otro lugar. Ésta es la esencia del ministerio: es un papel en el que cualquiera puede entrar, ya sea un profesional cualificado o un vecino compasivo.

El ministerio puede adoptar muchas formas, más allá de los papeles tradicionales a los que estamos acostumbrados. Martin Luther King Jr. Dijo una vez: "La pregunta más persistente y urgente de la vida es: "¿Qué estás haciendo por los demás?"". Esta pregunta nos invita a mirar más allá de nosotros mismos y de nuestros círculos inmediatos. Nos invita a considerar cómo podemos servir en nuestra vida cotidiana, convirtiendo las interacciones rutinarias en oportunidades de bondad y apoyo.

Piensa en la historia de Sarah, desarrolladora de software de profesión, que dedica voluntariamente su tiempo a enseñar a los ancianos de la comunidad a utilizar la tecnología. Puede que sus fines de semana dedicados a ayudar a los demás no sean reconocidos en grandes ceremonias de entrega de premios, pero las sonrisas de gratitud que recibe son su recompensa. Aquí, el ministerio no es su trabajo; es su vocación, y enriquece enormemente su vida.

Participar en el ministerio no requiere grandes gestos. Los actos cotidianos de bondad -como sujetar la puerta a alguien, hacer un cumplido o trabajar como voluntario en un banco de alimentos local- constituyen poderosos ministerios que curan y unen a las comunidades. Estas acciones pueden parecer pequeñas, pero su impacto en la vida de los demás puede ser significativo.

Reflexionar sobre tu llamada personal al servicio implica comprender qué te apasiona y cómo puedes utilizar esa pasión para servir a los demás. El ministerio de cada persona será diferente, y eso es lo bonito. Se trata de utilizar tus habilidades e inclinaciones únicas para contribuir a algo más grande que a ti mismo. Entonces, ¿cómo reconoces tu llamada a servir? Empieza por preguntarte hacia qué te sientes atraído de forma natural. ¿Qué temas o problemas te apasionan más? ¿Cómo pueden tus talentos y habilidades satisfacer esas necesidades? Las respuestas a estas preguntas pueden guiarte hacia tu ministerio personal, ayudándote a ver que estás equipado para servir de formas que quizá nunca habías considerado.

A lo largo de esta semana, tómate tu tiempo para identificar y apreciar las formas en que ya estás sirviendo a los demás.

Además, estate abierto a nuevas oportunidades de ampliar tu servicio. Recuerda que la vocación de servicio no consiste sólo en satisfacer una necesidad, sino en responder a una llamada más profunda, que mejora tu vida y bendice a los que ayudas.

Participa en esta reflexión y mira adónde te lleva. Puede que te sorprenda la alegría y la satisfacción que se derivan de responder a tu llamada a servir.

Semana 2: Descubrir tu tipo de ministerio

"Descubrir tu tipo de ministerio" profundiza en la miríada de formas de ministerio que van más allá de las funciones religiosas tradicionales. Tanto si encuentras resonancia en actividades abiertamente espirituales como en servicios laicos que benefician a la comunidad, comprender la diversidad del ministerio puede mejorar significativamente tu camino de crecimiento personal y espiritual.

Sin embargo, el ministerio no se limita al púlpito. Albert Schweitzer, renombrado teólogo y médico, dijo célebremente: "Los únicos entre vosotros que serán realmente felices son los que hayan buscado y encontrado cómo servir". La vida de Schweitzer ejemplifica un ministerio más amplio, que sirve no sólo con palabras, sino con acciones concretas en el servicio médico. Esta idea amplía nuestra comprensión del ministerio para incluir cualquier acción que eleve y ayude a otro ser humano.

Tomemos, por ejemplo, la historia de Clara, maestra de profesión que descubrió su ministerio en la educación. Clara no predicaba desde un escenario, sino que ministraba a través de su dedicación a sus alumnos, fomentando un entorno que no sólo nutría las habilidades académicas, sino también la amabilidad y la curiosidad. Su aula se convirtió en un lugar donde se animaba a las mentes jóvenes a explorar su potencial y a aprender el valor de la compasión. La historia de Clara es un testimonio de que tu profesión y tus pasiones pueden cruzarse con el ministerio de formas profundamente satisfactorias.

Al contrario que Clara, está Tom, un hombre de negocios jubilado que dedica su tiempo al voluntariado en un banco de alimentos local. Aunque sus actividades diarias no implican rituales religiosos, el compromiso de Tom con la organización de colectas de alimentos y la gestión de grandes grupos de voluntarios es un ministerio vital para los necesitados. Su trabajo garantiza que docenas de familias reciban el sustento necesario cada semana. El enfoque del ministerio de Tom demuestra que la ayuda práctica y la capacidad de gestión son tan vitales para el apoyo a la comunidad como la orientación espiritual.

Al redefinir el ministerio, es crucial que reflexiones sobre tus puntos fuertes e intereses únicos. ¿Qué te apasiona? ¿Qué habilidades posees de las que otros podrían beneficiarse? Tal vez seas una persona excelente para escuchar, una organizadora dotada o alguien con un don para la enseñanza. Cada una de estas habilidades tiene el potencial de formar la base de un ministerio impactante. Esta semana, piénsate cómo puedes utilizar tus talentos únicos al servicio de los demás. Empieza con algo pequeño: hazte voluntario en una organización benéfica local, ofrécete a ayudar a organizar un acto en tu centro comunitario o simplemente dedica tiempo a escuchar a alguien que necesite apoyo. Cuando empieces a comprometerte más profundamente con estas actividades, presta atención a cómo te hacen sentir. ¿Encuentras alegría y satisfacción en estas funciones? Si es así, puede que estés descubriendo tu tipo de ministerio.

Al reconocer y cultivar tus dones individuales, no sólo enriqueces tu propia vida, sino que también contribuyes de forma significativa a la vida de los demás. Recuerda que la esencia del ministerio reside en el servicio; cómo decidas definir y ejecutar ese servicio depende exclusivamente de ti. Al continuar este viaje, ten presente que cada pequeño acto de bondad y cada esfuerzo por apoyar a los demás puede ser una poderosa forma de ministerio.

Semana 3: Reconocer y utilizar tus dones espirituales en el ministerio

En el viaje de autodescubrimiento, reconocer y aprovechar tus dones espirituales inherentes puede amplificar significativamente tu contribución a la comunidad. El concepto de los cinco dones ministeriales -apóstol, profeta, evangelista, pastor y maestro- proporciona un marco sólido para comprender cómo los diversos talentos pueden unirse para enriquecer la vida comunitaria. Esta semana, profundizaremos en estos distintos papeles, ayudándote a identificar cuáles de estos dones puedes poseer y explorando cómo pueden utilizarse para fomentar la unidad y el crecimiento dentro de tus círculos. En primer lugar, es crucial comprender la esencia de cada don:

- **Los apóstoles** son los pioneros, siempre avanzando para establecer nuevas comunidades o fortalecer las existentes.

- **Los profetas** son perspicaces, y a menudo proporcionan orientación y previsión que mantienen a las personas alineadas con los principios morales y espirituales.

- **Los evangelistas** difunden el mensaje, involucrando a otros con su entusiasmo y atrayendo a nuevos miembros al redil de la comunidad.

- **Los pastores** nutren, ofreciendo orientación y cuidado, asegurándose de que los miembros de la comunidad se sientan apoyados y valorados.

- **Los profesores** comparten sabiduría, centrándose en la educación para profundizar en la comprensión y aplicación de las verdades espirituales.

Comprender estas funciones es sólo el principio. El verdadero viaje comienza cuando empiezas a identificar cuál de estos dones resuena con tus inclinaciones y puntos fuertes personales. Piensa en lo que te da energía: ¿Es la idea de liderar nuevas iniciativas, o te encuentras de forma natural aconsejando a amigos en sus problemas? Tal vez te sientas impulsado a compartir conocimientos e iluminar a los que te rodean. Cada inclinación apunta hacia un don particular.

Por ejemplo, fijémonos en Martin Luther King Jr., una figura que ejemplificó los dones de un profeta y un evangelista. Sus profundas visiones de la justicia y la igualdad y su excepcional capacidad para comunicar esas visiones movieron a toda una nación hacia las reformas de los derechos civiles.

No sólo poseía un profundo conocimiento, sino también el carisma necesario para movilizar y dar energía a una comunidad diversa hacia un objetivo común. Una vez que hayas identificado tu don principal, es igualmente importante comprender cómo estos dones interactúan en un entorno comunitario. Ningún don funciona de forma aislada; la belleza de estos dones reside en su interdependencia. Puede que los apóstoles pongan los cimientos, pero son los maestros y los pastores quienes construyen y mantienen la estructura. Los evangelistas pueden reunir a la gente, pero sin los profetas y los pastores faltan una nutrición y una orientación más profundas.

Desarrollar tu don implica reflexión y acción. Empieza por ser consciente de ti mismo, no sólo de tus puntos fuertes, sino también de las necesidades de tu comunidad. Participa en actividades que permitan que florezca tu don. Por ejemplo, si eres evangelista, ofrécete como voluntario en programas de divulgación; si eres profesor, considera la posibilidad de dirigir estudios o talleres en grupos pequeños.

Además, desplegar estos dones no consiste sólo en la realización individual, sino en crear un entorno más rico y solidario para todos. Recuerda: "El todo es mayor que la suma de sus partes". Cuando cada persona aporta sus dones únicos, la comunidad no sólo crece, sino que prospera. Esta semana, desafíate a asumir activamente tu papel dentro de tu comunidad. Reflexiona sobre lo que te atrae de forma natural y da pequeños pasos deliberados para cultivar y aplicar tus dones. Al hacerlo, observa cómo tus acciones no sólo enriquecen tu vida, sino también la de quienes te rodean, tejiendo lazos comunitarios más fuertes y resistentes.

Semana 4: Transformación mediante el servicio

Cuando consideras el concepto de servicio, puede resultar fácil verlo como un mero acto de dar: tiempo, recursos o habilidades. Sin embargo, lo que se discute con menos frecuencia es cómo el servicio transforma al dador, reformando perspectivas y enriqueciendo vidas. Esta semana profundiza en el poder transformador del servicio, no sólo como contribución a la comunidad, sino como catalizador del crecimiento personal y comunitario. El miedo que acompaña inicialmente a la idea de asumir una función de servicio -miedo a la incapacidad, miedo al fracaso o incluso miedo a las situaciones desconocidas- puede ser formidable. Sin embargo, es precisamente este viaje del miedo a la fe lo que marca una transformación significativa en las personas.

Considera la historia de Sarah, una abogada de empresa que sentía que le faltaba algo a pesar de su exitosa carrera. Sarah decidió trabajar como voluntaria en un banco de alimentos local. Al principio, dudaba de lo útil que podría ser, dada su falta de experiencia en trabajo social. Sin embargo, con el tiempo, Sarah descubrió que sus dotes organizativas eran inestimables para gestionar la logística del banco de alimentos, y su miedo inicial se transformó en confianza en que estaba marcando una verdadera diferencia. El servicio también ofrece una vía de crecimiento emocional y espiritual. Comprometerse con los demás en un contexto de ayuda y apoyo fomenta la empatía y profundiza nuestra comprensión de la experiencia humana. John, un profesor jubilado que empezó a dar clases particulares a alumnos en situación de riesgo, describió cómo esta función le enseñó más sobre la paciencia y la capacidad de recuperación que ninguna otra experiencia de su vida. Al ayudar a los alumnos a superar las barreras educativas, John fue testigo directo del impacto del ánimo y la persistencia, enriqueciendo su propia vida con un propósito y una alegría renovados.

Al contemplar el papel del servicio en tu propia vida, recuerda que el acto de dar un paso adelante para ayudar a los demás puede conducir a caminos inesperados de descubrimiento personal. No se trata simplemente de lo que puedes dar, sino también lo que ganas a cambio: descubrimientos de tus puntos fuertes, conexiones emocionales profundas y la profunda satisfacción que supone contribuir a la mejora de los demás.

Al pasar del miedo a la fe, el servicio se convierte en algo más que un acto: se convierte en un viaje. Este viaje no exige perfección, sino voluntad, la voluntad de utilizar cualquier talento y pasión que poseas para hacer de un pequeño rincón del mundo un lugar mejor. Al emprender este viaje, puede que descubras, como hacen muchos, que al servir a los demás, también estás sirviendo a una parte de ti mismo, descubriendo capas de tu carácter y capacidades que antes estaban sin explotar.

Esta semana, desafiémonos a dar ese primer paso hacia el servicio, sabiendo que al hacerlo, estamos dando un paso hacia una vida más rica e interconectada. Recuerda que todo gran viaje comienza con un simple paso adelante.

Mi anécdota personal

¡Ha sido una profunda bendición enseñar, ministrar y cuidar de los demás!

El ministerio consiste en cuidar y servir. He aprendido a reconocer y conmemorar cada buena acción. Por ejemplo, el Día de los Caídos es una importante festividad estadounidense que se celebra el último lunes de mayo para honrar a los hombres y mujeres que sacrificaron sus vidas: una misión de cuidar y amar. Todas las comunidades urbanas, suburbanas o rurales izan sus banderas como una forma de recordar. Este Día de los Caídos en América es una conmemoración de nuestros militares, nuestro ejército y nuestras tropas. De nuevo, hombres y mujeres que sirvieron en las Fuerzas Armadas de EEUU son honrados en el Día de los Caídos. Es triste para muchos, pero es un momento de unidad y orgullo para todos los que sirven a nuestra nación de una manera o de otra.

A estas alturas, podemos aceptar y estar de acuerdo en que los recuerdos, en general, y no sólo en el ministerio, pueden ser buenos o malos. He aprendido a hacer que cuenten y a hacerme más fuerte y feliz al celebrar y conmemorar cada resultado positivo.

A lo largo de los años, he dedicado tiempo y energía junto con mi esposo, nutriendo a mi familia, un ministerio propio a nivel personal.

También hemos ampliado nuestro ministerio al cuidado y la tutoría en una comunidad más amplia. Por ejemplo, mis años de enseñanza no fueron simplemente una profesión o una fuente de ingresos, sino una profunda oportunidad de servir. Empecé enseñando a jóvenes participantes llamados Buckaroo en los Royal Rangers en una iglesia de la comunidad. Más tarde, fui profesora de jóvenes durante muchos años en iglesias de la comunidad antes de obtener un Máster en Educación. Luego dediqué 25 años a la enseñanza de los grados elementales K-5.

En la actualidad, cualquier oportunidad de predicación y compromiso espiritual que se ofrezca es una plataforma para llegar y ofrecer palabras de empoderamiento, ánimo, esperanza y guía a quienes estén deseosos de escuchar.

Estoy convencida de que el ministerio es un viaje de amor, compasión y, sobre todo, de cuidado de los demás. Me satisface guiar a los demás desde las garras del miedo hasta el abrazo de la fe, que creo que es el camino más seguro para todos. A través de mi servicio personal, los corazones se encienden de amor. También he experimentado que guiar a estas almas es gratificante. Cada paso adelante es un camino esperanzador, desplegando nuevas posibilidades para todos. Recuerda que nadie nace con una capacidad innata para cuidar: es una habilidad que se aprende mediante un esfuerzo consciente, imbuido de confianza, compasión, competencia y un profundo compromiso con quienes nos rodean.

Junto con mi esposo, también me he dedicado a la enseñanza y la tutoría, ayudando a los demás fomentando las conexiones y ofreciendo apoyo tanto en los triunfos como en las pruebas. Además, apoyamos la labor misionera proporcionando ayuda económica y artículos necesarios a algunos de los países más pobres y con menos recursos del mundo. ¡Hacemos que cuente nuestro arduo trabajo y cuidado!

Nuestro compromiso de cuidar, de ministrar, se extiende a nuestro trabajo personal en la comunidad. Mostramos empatía estando presentes en momentos de dolor y enfermedad, como asistiendo a funerales -incluso cuando es difícil- o haciendo visitas a hospitales y hogares para consolar a los enfermos. Mediante todas estas acciones, nos esforzamos por demostrar la importancia perdurable del cuidado y la compasión. Por último, elijo ministrar con mi noble carácter y mi estilo de vida ejemplar.

¡Estoy haciendo que cuente mi ministerio!!

Escribe aquí tu anécdota personal.

Bendición para el lector

Querido Padre Celestial,

Señor, vengo ante Ti, intercediendo por los que se dedican al ministerio compasivo. Tu palabra en Efesios 4:32 nos inspira a ser benignos y misericordiosos es decir, encarnar la compasión, la bondad, la humildad, la mansedumbre y la paciencia: soportarnos unos a otros y a perdonarnos como Tú nos has perdonado.

Te ruego que, como portador de buenas noticias, sigas dotando a los lectores de la empatía y la compasión necesarias para conectar con los necesitados. Concédeles la gracia de inspirar a otros, del mismo modo que Tú le guías cada día para ministrar y servir utilizando la buena administración como herramienta.

Que reconozcan las necesidades de los demás y se unan al cuidado de nuestra sociedad necesitada. Recuérdales a diario que no se requiere ningún título ni cargo, sólo pasión y compasión. Hay muchas personas solidarias, entre ellas tales algunos lectores, te ruego que sean impulsados por su noble propósito de hacer del mundo un lugar más justo, amoroso y compasivo, una realidad hoy, mañana y siempre.

Ayuda a estos nobles lectores a no utilizar la edad como excusa, ya sea que piensen: "Soy demasiado joven" o "Soy demasiado viejo". Permite que permanezcan llenos de energía y sanos, capaces de ministrar a los demás mucho más allá de los 65 o 75 años, brillando como luces en la oscuridad, iluminando el camino hacia una vida plena y significativa para sí mismos y para sus comunidades.

En tu santo nombre, Jesús, te lo pedimos. Amén.

Escribe aquí tu propia oración.

Cuidar a las Demás

Querido señor

Agosto - Capítulo 8
Caracter noble

¡Practica la nobleza a lo largo de todo el año!

En la gracia del servicio florece la nobleza,

Manos que dan sin pensar en la recompensa,

En cada acción, un acuerdo desinteresado.

Atados por el deber, al elevar a los demás,

Nuestras almas encuentran la paz.

Porque sirviendo, florecemos y crecemos,

Con corazones nobles, una luz extendemos.

En la gracia del servicio, encontramos nuestro camino,

Illuminando el mundo con el rayo brillante del amor.

Esta antigua tradición meteorológica nos enseña el valor de la observación y la preparación, comparándola con la construcción de un carácter noble. Del mismo modo que atendemos *a las* señales de la naturaleza para prepararnos para el invierno, debemos cultivar las virtudes con constancia para capear *las* tormentas de la vida.

Las pistas de agosto nos recuerdan que un carácter noble se construye mediante acciones constantes y conscientes a lo largo del año, y que cada acto de paciencia, bondad y crecimiento contribuye a nuestra resiliencia.

"Los perezosos días de agosto son perfectos para reflexionar sobre las nobles acciones realizadas y planificar las que están por venir".

-H.D. Thoreau

"Agosto es un maestro amable, que nos recuerda que un carácter noble se construye a través de pequeños y constantes actos de bondad".

-H. Kelly

"El fruto del Espíritu es amor, alegría, paz, paciencia, benignidad, bondad, fidelidad, mansedumbre y dominio de sí".

-Gálatas 5:22-23

"Por último, hermanos, todo lo que es verdadero, todo lo que es noble, todo lo que es justo, todo lo que es puro, todo lo que es amable, todo lo que es admirable -si hay algo excelente o digno de alabanza-, pensad en tales cosas".

-Filipenses 4:8

Es momento de contar una historia

Ethan deslizó las manos dentro de los guantes de cuero desgastados, con el aroma del aceite de motor flotando en el aire. Abrió de un tirón la puerta del garaje, dejando ver la luz mortecina del atardecer. Su moto, una moto Triumph de época, relucía recién pulida. Había sido una semana larga, pero tenía que hacer una última entrega antes de volver a casa.

Mientras sujetaba el pequeño paquete bien envuelto al portaequipajes de la moto, el familiar chirrido de la puerta principal llamó su atención. La Sra. Harper, su anciana vecina, estaba en el porche con cara de preocupación.

"Ethan, querido, ¿podrías ayudarme con algo antes de irte?", gritó, con voz frágil pero insistente.

Ethan sonrió, se quitó los guantes y se acercó a ella. "Por supuesto, señora Harper. ¿Qué necesita?"

"Es otra vez mi calefactor. No se enciende, y las noches son cada vez más frías -dijo ella, con la preocupación grabada en los ojos. Él asintió y la siguió al interior, dejando el casco sobre la mesita que había junto a la puerta. En la casa olía a galletas recién horneadas, un agradable contraste con el aire frío del exterior. Ethan se arrodilló junto al viejo calefactor, jugueteando con los cables y los mandos. Al cabo de unos minutos, un suave zumbido llenó la habitación cuando el calefactor volvió a rugir. El rostro de la señora Harper se iluminó de alivio.

"Gracias, Ethan. Siempre sabes cómo arreglar las cosas -dijo ella, dándole una palmada en el hombro.

"Me alegro de haberte ayudado", contestó, levantándose y limpiándose las manos en un paño. "¿Necesitas algo más?"

Ella negó con la cabeza. "No, eso es todo, querida. Ten cuidado ahí fuera".

Ethan asintió, volviendo a su moto. El sol casi se había puesto, proyectando largas sombras sobre la calle. Se subió y aceleró el motor, cuyo sonido resonó en el tranquilo barrio. La ciudad bullía con su ajetreo habitual, pero Ethan se movía entre el tráfico con facilidad, concentrado en la entrega. El paquete, marcado con un solo nombre -Sr. López-, parecía inusualmente pesado para su tamaño.

Llegó a la dirección, una casa modesta en las afueras de la ciudad. La luz del porche parpadeó al acercarse, y un anciano abrió la puerta antes de que Ethan pudiera llamar.

"Buenas noches, señor López", saludó Ethan, entregándole el paquete. "Entrega especial".

Los ojos del Sr. López se abrieron de par en par al coger el paquete, sus manos temblaban ligeramente. "Gracias, joven. No esperaba esto tan pronto".

Ethan se encogió de hombros. "Sólo hago mi trabajo. Que pases buena noche".

Cuando se daba la vuelta para marcharse, la voz del Sr. López le detuvo. "Espera un momento. ¿Te apetece tomar una taza de té conmigo?".

Ethan dudó, pero luego asintió. "Claro, por qué no".

Dentro, la casa era acogedora, llena del calor de una chimenea crepitante. El Sr. López lo condujo a la cocina, donde ya silbaba una tetera. Se sentaron a la pequeña mesa y el Sr. López desenvolvió cuidadosamente el paquete. Dentro había una fotografía enmarcada, en blanco y negro, de un joven soldado en uniforme.

"Es mi hermano", dijo el Sr. López, con la voz cargada de emoción. "Nunca consiguió volver de la guerra. Hoy habría sido su cumpleaños". Ethan dio un sorbo a su té, sintiendo el peso del momento. "Siento tu pérdida".

El Sr. López asintió, con los ojos brillantes. "Era un buen hombre.

Siempre antepone a los demás a sí mismo. Me recuerda un poco a ti".

Ethan negó con la cabeza, con una modesta sonrisa en el rostro. "Sólo soy un repartidor".

El Sr. López cruzó la mesa y palmeó la mano de Ethan. "No es lo que haces, sino cómo lo haces. Tienes un buen corazón, hijo. No lo pierdas nunca".

Ethan salió de casa con una sensación de determinación, con las palabras del anciano resonando en su mente. Mientras cabalgaba por las calles tranquilas, con el aire fresco de la noche llenándole los pulmones, se dio cuenta de que el carácter noble no consistía en grandes gestos o actos heroicos. Eran los pequeños actos cotidianos de bondad e integridad los que definían quién eras.

Y en esos momentos, Ethan supo que iba por el buen camino.

Semana 1: ¿Qué te convierte en una persona noble?

Hoy nos sumergimos en un tema intrigante: la nobleza. Pero no la que aparece en los cuentos medievales o en las familias reales. Hablamos de la nobleza cotidiana: las cualidades y acciones que te convierten en una persona realmente buena, admirada y respetada por quienes te rodean. Lo primero es lo primero: ser noble no es una virtud más que añadir a tu lista, sino encarnar buenas intenciones e integridad en todo lo que haces. Cuando la gente piensa en la nobleza, suele imaginar grandes gestos y actos heroicos. Sin embargo, la verdadera nobleza es mucho más personal y cercana. Se trata de la coherencia de tu carácter en las interacciones y decisiones cotidianas.

Imagina que conoces a alguien cuya sola presencia parece elevar e inspirar. Esta persona no sólo existe en una burbuja; su carácter influye positivamente en todos los que la rodean. La gente se siente mejor por haber interactuado con ella, no sólo emocionalmente, sino a menudo de forma tangible, ya que se sienten inspirados para mejorar y actuar con amabilidad. Este tipo de influencia es poderosa porque es alentadora y contagiosa.

Es natural querer emular a las personas que irradian positividad e integridad. Cuando te encuentras con alguien cuyo carácter está impregnado de fuertes valores éticos y morales, no puedes evitar fijarte en cómo destacan. Manejan las situaciones con una gracia que te hace pensar: "Yo quiero ser así". Ésta es la esencia de un carácter noble: vivir de un modo que los demás no sólo admiran, sino que también desean reproducir en sus propias vidas. Entonces, ¿qué es exactamente lo que hace noble a una persona? No se trata de un nacimiento elevado ni de grandes títulos; se trata de la elección de hacer lo que es necesario, a menudo enfrentándose a la adversidad. Las personas nobles son decididas, disciplinadas y eficaces. No rehúyen los retos, sino que los afrontan de frente, con el compromiso de hacer lo correcto.

Vivir con nobleza significa ayudar activamente a los demás. Puede ser algo tan sencillo como echar una mano a alguien que tiene dificultades para hacer la compra o tan comprometido como defender a alguien que está siendo acosado. La nobleza brilla en los actos de bondad y valentía, sobre todo en la defensa de los vulnerables, ya sea por la intimidación, el abuso, el acoso o el rechazo.

La nobleza se extiende también a nuestras relaciones personales. Una persona noble puede ser un miembro de la familia que siempre da un consejo considerado, un amigo que te apoya en los momentos difíciles, una persona influyente que utiliza su plataforma para buenas causas o un compañero de trabajo que hace del lugar de trabajo un entorno mejor para todos. Sus acciones reflejan sistemáticamente su compromiso de ayudar a los demás.

Convertirse en una persona noble es una elección deliberada. Implica cultivar hábitos y mentalidades que den prioridad a la bondad, la justicia y la integridad. Se trata de tomar pequeñas decisiones coherentes que, con el tiempo, tengan un profundo impacto en tu mundo. Empieza por reflexionar sobre tus interacciones diarias: ¿Estás siendo todo lo servicial, honesto y amable que podrías? ¿Qué cambios podrías hacer para fomentar una influencia más positiva en quienes te rodean?

Mientras sigues reflexionando sobre lo que significa ser noble, piensa en las pequeñas acciones que puedes emprender cada día. La nobleza no consiste en hacer cambios radicales de la noche a la mañana, sino en la mejora gradual y la constancia. Tanto si se trata de ofrecer un oído atento, prestar apoyo sin buscar nada a cambio o elegir la honradez incluso cuando es difícil, éstos son los bloques que construyen un carácter noble. Para hacer tangible este concepto, fíjate algunos objetivos prácticos para la semana. Tal vez decidas visitar a un vecino anciano, dedicar unas horas de tu tiempo a un proyecto comunitario local, o simplemente reconocer y apreciar los esfuerzos de quienes te rodean. Cada una de estas acciones puede parecer pequeña, pero contribuyen significativamente al noble tejido de tu vida cotidiana.

Recuerda que el camino para convertirte en una persona más noble no está exento de desafíos. Te enfrentarás a situaciones en las que hacer lo correcto puede significar ir contracorriente o salir de tu zona de confort. Es en estos momentos cuando tu noble carácter se pone verdaderamente a prueba. Acepta estos retos como oportunidades para crecer y consolidar tus valores.

Parte de vivir con nobleza implica reconocer y aprender de tus errores. Nadie es perfecto y los errores forman parte de la experiencia humana. La clave está en manejar estos momentos con gracia: reconocer tus errores, enmendarlos si es necesario y utilizar la experiencia para mejorar. Esto demuestra el compromiso de mantener tu integridad y aprender de las lecciones de la vida, que son características de un espíritu noble.

La nobleza también implica apertura y vulnerabilidad. Comparte con los demás tu camino para convertirte en una persona más noble. Esto podría significar hablar de tus retos y de cómo los estás superando, o podría implicar compartir ideas e inspiraciones que te han ayudado a lo largo del camino. Al ser abierto, no sólo refuerzas tu propio compromiso, sino que también animas a los demás a unirse a ti en esta noble búsqueda. Nunca subestimes el efecto dominó de tus nobles acciones. Cada acto de bondad o justicia puede inspirar a otros a hacer lo mismo. Esto crea una red de positividad que puede transformar las comunidades y, en última instancia, las sociedades. A medida que más individuos eligen la nobleza, el impacto colectivo puede conducir a un cambio social significativo, reforzando la idea de que todo el mundo tiene el poder de marcar la diferencia.

Esta semana, tómate tu tiempo para considerar cómo se manifiesta la nobleza en tu vida. Busca oportunidades para demostrar cualidades nobles en tus acciones. Recuerda que cada interacción es una oportunidad de causar un impacto positivo. Al aspirar a vivir una vida noble, no sólo elevas a los que te rodean, sino que también sientas las bases de una vida plena y respetada.

Así que, a medida que avanzas en tu semana, ten presentes estos pensamientos. Observa la nobleza en los demás, reconócela en ti mismo y, lo que es más importante, esfuérzate por potenciarla. Puede que la nobleza no sea una virtud en el sentido clásico, pero sin duda es una forma de vida que merece la pena perseguir.

Semana 2: Los rasgos distintivos de la nobleza

Esta semana nos centraremos en las cualidades que definen un carácter noble. Cuando hablamos de nobleza, no nos referimos a los reyes y reinas de antaño, sino a la realeza cotidiana entre nosotros: los que se comportan con dignidad y mantienen elevadas normas en su vida cotidiana.

En el núcleo de un carácter noble está la honradez. Ser honesto no consiste sólo en decir la verdad, sino en ser digno de confianza y fiable en todos los aspectos de la vida. Una persona honesta no toma atajos ni engaña a los demás en beneficio propio. Por el contrario, se forja una reputación de integridad que resiste el paso del tiempo. Cuando eres honesto, la gente sabe que puede confiar en ti, y esta confianza es la base de tu éxito y piedra angular de todas tus relaciones. La generosidad es otro rasgo clave de un carácter noble. Va más allá de compartir simplemente cosas materiales. Una persona generosa dedica su tiempo, atención y energía a los demás. Son amables, no porque esperen algo a cambio, sino porque se preocupan de verdad por el bienestar de los demás. La generosidad puede transformar incluso las interacciones más sencillas en intercambios significativos.

Ser fuerte no siempre significa destreza física; también se refiere a la fortaleza emocional y mental. Una persona fuerte puede afrontar los retos de la vida sin derrumbarse bajo presión. Junto con el estado de alerta, que consiste en ser consciente y receptivo a las necesidades de los demás y a las situaciones que le rodean, estas cualidades capacitan a una persona para afrontar los retos imprevistos con gracia.

La sabiduría no consiste sólo en lo que sabes, sino en cómo aplicas lo que sabes en situaciones de la vida real. Las personas sabias aprenden de sus experiencias y de las experiencias de los demás. Reflexionan, piden consejo cuando es necesario y toman decisiones que no sólo son buenas para ellos, sino también para el bien común.

El valor en un carácter noble no consiste en actos heroicos en situaciones extraordinarias, sino en la valentía cotidiana necesaria para hacer lo correcto, incluso cuando es difícil. Las personas valientes defienden sus creencias y valores, y no retroceden ante la adversidad.

La dignidad consiste en comportarse con gracia y respeto por uno mismo, tratar a los demás con respeto y hacer lo correcto, ganándose así el respeto de los demás. El trabajo duro complementa maravillosamente la dignidad. Una persona trabajadora no busca atajos.

Por el contrario, se comprometen con sus tareas y las llevan a cabo, lo que conduce inevitablemente al respeto de sus compañeros. Ser fiel tiene que ver con la lealtad y la constancia en tus relaciones y compromisos. Se trata de ser fiable. Por otra parte, ser agradable no consiste sólo en ser simpático; se trata de ser accesible, educado y agradable, haciendo que las interacciones sean más fluidas y agradables para todos los implicados.

Las personas proactivas no esperan a que ocurran cosas o a que alguien resuelva sus problemas. Toman la iniciativa, planifican con antelación y previenen los problemas antes de que surjan. Ser proactivo significa ser dueño de tu vida y tomar las riendas de tu futuro.

Empieza con pequeños compromisos de honestidad. Si te descubres adornando historias u omitiendo verdades, practica ser más objetivo. Recuerda que la honradez refuerza tu voz y tu presencia. La gente confía en las personas honestas, lo que las convierte en amigos, socios y colegas indispensables.

La generosidad no tiene por qué ser un gran gesto. Puede ser tan sencillo como ofrecer tu tiempo para escuchar a un amigo o ayudar a un compañero a cumplir un plazo. Busca cada día oportunidades de contribuir sin esperar nada a cambio. Esto crea un hábito de generosidad que enriquece tu vida y la de los que te rodean.

Para potenciar tu fuerza emocional y mental, participa en actividades que te supongan un reto y superen tus límites de forma saludable. Puede ser aprender una nueva habilidad, abordar un proyecto desafiante o incluso hacer ejercicio físico. Acompáñalo de un hábito de atención plena para permanecer alerta a las necesidades y sentimientos de los demás, lo que agudiza tu capacidad para responder eficazmente en diversas situaciones. Acostúmbrate a reflexionar sobre tu día. ¿Qué lecciones has aprendido? ¿Qué podrías haber hecho mejor? La reflexión convierte las experiencias en sabiduría procesable. Te ayuda a crecer y a tomar decisiones más informadas en el futuro. Lleva un diario o busca un compañero de reflexión con el que puedas hablar regularmente de las lecciones de la vida.

El valor puede ser tan sencillo como decir "no" cuando es más fácil decir "sí" o defender a alguien cuando es más fácil permanecer en silencio. Desafíate a salir de tu zona de confort al menos una vez a la semana. Esto podría implicar defender un principio, iniciar una conversación difícil o asumir un riesgo que has estado evitando.

La dignidad proviene de conocer tu valía y actuar de forma que la refleje. Trata a todos con respeto y dedícate a un trabajo que te llene y aporte valor al mundo. Combina esto con una fuerte ética de trabajo. Haz tus tareas a conciencia y con orgullo, independientemente de quién te esté mirando.

Preséntate sistemáticamente a las personas que cuentan contigo, y hazlo con una sonrisa. Ser fiable genera confianza, y ser agradable te hace accesible. Esta combinación es poderosa y puede conducir a conexiones más profundas y significativas tanto en tu vida personal como profesional.

Planifica tus días y fija objetivos para tus semanas. Ser proactivo significa anticiparse a los posibles retos y disponer de estrategias para afrontarlos. Este enfoque minimiza el estrés y maximiza la productividad, dándote una mayor sensación de control sobre tu vida. Cultiva una mentalidad positiva que considere los retos como oportunidades de crecimiento. Mantén una red de apoyo de amigos y familiares que puedan proporcionarte ánimo y perspectiva. Cuando surjan contratiempos, date tiempo para procesarlos, pero luego busca la lección y sigue adelante con renovada determinación.

Por último, la resiliencia es quizá uno de los rasgos más cruciales de un carácter noble. Es la capacidad de recuperarse de los reveses y adaptarse al estrés y a la adversidad. Las personas resilientes no dejan que los fracasos las definan, sino que los utilizan como peldaños hacia el éxito.

Cada uno de estos rasgos contribuye a un carácter noble, haciendo que alguien no sólo sea admirado, sino verdaderamente respetado. Cuando incorpores estas cualidades a tu vida diaria, recuerda que la nobleza no consiste en ser perfecto, sino en esforzarse por ser mejor cada día. Tanto si te enfrentas a retos personales, reveses profesionales o conflictos interpersonales, estos rasgos te guiarán para actuar con honor y gracia, haciendo que tu vida no sólo tenga éxito, sino también sentido.

Semana 3: Fe y obras de carácter noble

Cuando hablamos de carácter noble, en realidad estamos hablando de una hermosa mezcla de fe y obras. Es cuando tus creencias más profundas se alinean con tus acciones, creando una vida que refleja integridad moral y conducta ética. Pero, ¿qué significa eso realmente en nuestra vida cotidiana?

En nuestro contexto, la fe no se refiere sólo a doctrinas religiosas o prácticas espirituales. Es más amplia y quizá más profunda: abarca la confianza en uno mismo, en los demás y en los principios generales de bondad que rigen nuestras interacciones. Piensa en la fe como tu brújula interior, la que te orienta hacia acciones y decisiones que se alinean con tus valores más profundos. Este tipo de fe es personal y única para cada individuo. Puede proceder de diversas fuentes: antecedentes culturales, experiencias personales o influencias educativas. Independientemente de su origen, esta fe actúa como base para construir una vida íntegra y con objetivos.

Mientras que la fe constituye el marco interno, los hechos son su expresión externa. Son las acciones tangibles que realizamos cada día y que demuestran nuestros valores. Pueden ser tan sencillas como mostrar compasión en una situación tensa, ser honestos aunque resulte incómodo o anteponer las necesidades de los demás a las nuestras en actos de desinterés.

Un carácter noble se demuestra no sólo en los grandes gestos, sino también en los momentos tranquilos: elegir escuchar en lugar de hablar, ofrecer ayuda sin que te la pidan o defender a alguien que está siendo tratado injustamente. Estos actos, grandes y pequeños, son los que realmente definen nuestro carácter.

Una persona de carácter noble actúa desde una convicción profundamente arraigada de hacer lo correcto, incluso cuando es difícil, incluso cuando nadie está mirando. No se trata de ser perfecto, sino de luchar por la coherencia entre lo que crees y lo que haces. Esta integridad se convierte en la piedra angular de tus acciones, ya se desarrollen en las relaciones personales, en los esfuerzos profesionales o en las interacciones con la comunidad. Por ejemplo, considera cómo gestionas los conflictos en el trabajo. ¿Te esfuerzas por ser justo y buscar la comprensión, o intentas ganar a toda costa? Un carácter noble elige lo primero, guiando a los demás a través del conflicto con paciencia y respeto. Cuando la fe inspira tu acciones, tu vida se convierte en una poderosa fuerza para el bien. Te conviertes en alguien que eleva a los demás, defiende la justicia y contribuye positivamente al mundo. No se trata de imponer tus creencias a los demás, sino de vivir esas creencias de un modo que influya de forma natural en el mundo que te rodea.

Piénsalo de este modo: cada vez que eliges la bondad, no sólo estás ayudando a otra persona, sino que también estás dando ejemplo. Cada vez que defiendes lo que es correcto, no sólo corriges un error, sino que animas a los demás a defenderlo también. Estas acciones se extienden hacia fuera, creando olas de cambio positivo.

Vivir un carácter noble es un reto diario. Requiere un esfuerzo consciente y una toma de decisiones intencionada. Cada mañana se presenta una nueva oportunidad de alinear tus acciones con tus valores. Ya sea eligiendo la paciencia en un atasco, escuchando a un amigo necesitado o tomando decisiones éticas en el trabajo, cada situación es una oportunidad para practicar lo que crees.

La verdadera prueba del carácter noble suele producirse bajo presión. Es fácil aferrarse a tus principios cuando las cosas van bien, pero el reto consiste en mantenerlos cuando te enfrentas a la adversidad o la tentación. Esto puede significar admitir un error en el trabajo aunque pueda costarte caro o defender a un colega que está siendo tratado injustamente. Estos momentos definen nuestro carácter y demuestran nuestro verdadero compromiso con nuestros valores.

Nadie es perfecto, y parte de vivir una vida de carácter noble implica reconocer y aprender de tus errores. Cuando flaquees, tómatelo como una oportunidad para reflexionar, aprender y crecer. Pedir disculpas cuando te equivocas o asumir la responsabilidad de un paso en falso demuestra una fortaleza de carácter que va más allá de simplemente hacer lo correcto cuando es fácil. Un carácter noble no sólo tiene que ver con las acciones individuales; también tiene que ver con cómo interactuamos con los demás. Construir y mantener relaciones honestas y solidarias es crucial. Esto significa estar presente, comunicarse abiertamente y ser fiable. En las relaciones, tu carácter se refleja en cómo tratas a tus allegados, cómo gestionas los conflictos y cómo apoyas a los demás en sus momentos de necesidad.

Uno de los aspectos más poderosos de vivir una vida noble es la influencia que ejerce en los demás. Actuando sistemáticamente con integridad y amabilidad, estableces una norma para quienes te rodean. Especialmente si estás en una posición de autoridad o influencia, tus acciones pueden inspirar a otros a adoptar comportamientos similares. No se trata de ser un héroe, sino de ser un modelo a seguir en el día a día.

Construir un carácter noble es un viaje que dura toda la vida. Implica una autorreflexión continua y una apertura al cambio. Reserva tiempo regularmente para reflexionar sobre tus acciones y decisiones. ¿Reflejan realmente tus creencias más profundas? ¿Hay áreas en las que podrías mejorar? La superación personal es un proceso continuo, y esforzarse por alinear tus actos con tu fe es un viaje que nunca termina del todo.

Cada acto de integridad o bondad contribuye a un tapiz mayor de bienestar social. Cuando las personas se comprometen a llevar una vida noble, crean un efecto dominó que puede transformar las comunidades. Desde el fomento de una cultura de respeto en el lugar de trabajo hasta el voluntariado en los esfuerzos de la comunidad local, las implicaciones de nuestras acciones son profundas y de gran alcance. Imagina una comunidad en la que todo el mundo intenta actuar con nobleza. Una comunidad así se caracterizaría por la confianza, el respeto mutuo y un esfuerzo colectivo hacia el bien común. Como individuo, contribuyes a cultivar este entorno. Cada decisión de adoptar un comportamiento honesto y compasivo contribuye a la salud y la felicidad generales de tu comunidad.

Vivir una vida de carácter noble aporta una profunda satisfacción personal. La alegría de dar, la paz que se deriva de vivir con integridad y la satisfacción de causar un impacto positivo son recompensas que superan con creces las ganancias materiales. Éstos son los verdaderos beneficios de una vida bien vivida, basada en la fe y demostrada con hechos.

En última instancia, el objetivo es crear un mundo más compasivo y justo. Parece un objetivo elevado, pero se compone de innumerables pequeñas acciones. Cuando vives con un carácter noble, contribuyes a este objetivo cada día de formas muy prácticas. Ya sea mediante el voluntariado, la tutoría o simplemente siendo un vecino considerado, formas parte de un movimiento mayor hacia un mundo mejor.

Semana 4: Cultivar el carácter con la consciencia

Ser consciente es como tener un superpoder para construir un carácter noble. Se trata de estar presente en el momento sin juzgarte a ti mismo ni a los demás. Cuando practicas la atención plena, llegas a conocerte mejor, a sentir más empatía y a tomar mejores decisiones éticas. Piensa en la atención plena como tu guía para vivir con virtud e integridad. Te ayuda a sintonizar con tus pensamientos, emociones e intenciones. Esta conciencia te permite dejar atrás los impulsos egoístas y actuar con compasión y altruismo. Manteniéndote presente, puedes tomar decisiones claras e intencionadas que se alineen con valores como la amabilidad, la integridad y la justicia. La atención plena también te ayuda a conectar profundamente con los demás. Te capacita para ser empático y comprensivo, fortaleciendo tus relaciones y haciéndote sentir más conectado con todos los que te rodean.

Cuando practicas la escucha atenta y la presencia compasiva, creas un espacio seguro para que los demás se sientan vistos, escuchados y valorados. Esto alimenta relaciones auténticas basadas en el respeto y la empatía.

En cuanto a la toma de decisiones, la atención plena agudiza tu capacidad de hacer elecciones éticas. Te hace más consciente de las consecuencias de tus actos y de cómo estamos todos conectados. Al cultivar esta conciencia, puedes afrontar los retos con integridad, equidad y justicia.

Combinar la atención plena con un carácter noble cambia las reglas del juego. Aumenta tu bienestar personal y ayuda a crear una sociedad mejor. Al encarnar la atención plena en todo lo que haces, inspiras un cambio positivo y contribuyes a un mundo más compasivo y justo.

Entonces, ¿cómo puedes empezar a integrar la atención plena en tu vida para construir ese carácter noble? Es más sencillo de lo que crees. Empieza poco a poco. No necesitas sentarte a meditar durante horas. Empieza con sólo unos minutos al día. Cierra los ojos, respira hondo unas cuantas veces y céntrate en el momento presente. Observa cómo te sientes sin juzgarte. Esta pequeña práctica puede suponer una gran diferencia. A continuación, intenta estar presente en tus actividades cotidianas. Ya estés fregando los platos, paseando o incluso cepillándote los dientes, hazlo con atención. Presta atención a las sensaciones, los olores, los sonidos. Esta práctica te ayuda a mantenerte enraizado y presente en el aquí y el ahora, haciendo que incluso las tareas mundanas tengan más sentido. Otro hábito poderoso es practicar la gratitud. Tómate un momento cada día para reflexionar sobre aquello por lo que estás agradecido. Esta sencilla práctica puede cambiar tu mentalidad y hacerte más consciente de los aspectos positivos de tu vida. Es una forma estupenda de empezar o terminar el día con una nota positiva.

En las interacciones con los demás, practica la escucha atenta. Cuando estés en una conversación, escucha de verdad a la otra persona. Deja a un lado las distracciones y céntrate en sus palabras y emociones. Esto no sólo fomenta la empatía, sino que también refuerza tus conexiones con los demás, haciéndoles sentir valorados y comprendidos.

La atención plena también te ayuda a responder en lugar de reaccionar. Si algo te provoca, tómate un momento para respirar y pensar antes de responder. Esta pausa te permite elegir una acción más reflexiva y compasiva en lugar de reaccionar impulsivamente.

Otra área en la que la atención plena puede tener un gran impacto es la alimentación. Presta atención a lo que comes y a cómo lo comes. Saborea cada bocado y fíjate en los sabores y las texturas. Esto no sólo mejora tu experiencia alimentaria, sino que también te ayuda a elegir alimentos más sanos, apreciando más plenamente tus comidas.

No olvides la autocompasión. Trátate a ti mismo con la misma amabilidad que ofrecerías a un amigo. Reconoce tus errores sin autocrítica dura. Esta práctica fomenta la fuerza interior y la resiliencia, permitiéndote crecer y aprender sin agobiarte por la negatividad. Por último, intenta establecer intenciones positivas al empezar el día. Podría ser algo como: "Hoy, voy a ser paciente y amable". Esto te ayuda a guiar tus acciones y te mantiene alineado con tus valores a lo largo del día, facilitando que vivas con atención y nobleza.

Al incorporar estas prácticas de atención plena a tu rutina diaria, empezarás a notar un cambio en tu forma de interactuar contigo mismo y con los demás. Te resultará más fácil actuar con integridad, amabilidad y compasión. Recuerda que construir un carácter noble es un viaje, no un destino. Cada momento de atención te acerca a la persona que aspiras a ser.

Adopta la atención plena como herramienta para el crecimiento personal y el cambio positivo. Con tiempo, paciencia y práctica, no sólo mejorarás tu propio bienestar, sino que también contribuirás a un mundo más comprensivo y justo. Sé sencillo, mantente presente y observa cómo florece tu noble carácter.

Mi anécdota personal

El carácter noble me hace pensar en el Premio Nobel que se concede anualmente a personas extraordinarias que han realizado contribuciones significativas en diversos campos. Tanto si se trata de un presidente como de un médico, recibir este galardón es la cumbre del reconocimiento mundial.

Cuando aún era adolescente, me topé con un versículo que me animaba a pensar en cosas nobles, rectas, puras, hermosas y admirables. Me di cuenta de que no se trataba sólo de pensar en esas cosas, sino también de encarnarlas en mi vida cotidiana. A medida que crecía, me di cuenta de lo raro que es encontrar personas auténticamente nobles, que demuestren constantemente integridad y honor a través de sus acciones, comportamientos y actitudes.

Fue entonces cuando decidí que yo también podía ser una. No necesitaba ganar un Premio Nobel para ser noble. Esto se convirtió en mi misión personal: centrarme en lo bueno más que en lo malo y no dejarme atrapar por las malas acciones de los que me rodeaban. En lugar de ello, opté por reflexionar sobre lo que es un carácter verdadero y noble, como he expuesto en este capítulo.

Meditaba continuamente sobre verdades más profundas, como la vida eterna y la esperanza de salvación, recompensas para una persona de carácter bueno y noble. El amor, la paz y la esperanza se convirtieron en mi forma preferida de vivir. Siempre he mantenido la vista en este objetivo, alejándome de seguir simplemente a la multitud. Esta perspectiva única me ayuda a mantenerme centrada en vivir una vida noble, aspirando a mi propia versión de un "Premio Nobel".

Incluso en medio de los tiempos aterradores en los que vivimos, tengo por costumbre no obsesionarme con lo negativo. Estoy convencida de que quienes lo hacen no sólo se debilitan por ello, sino que a menudo acaban imitando lo que ven.

¡Estoy comprometida a hacer que cada momento refleje mi nobleza!

Escribe aquí tu anécdota personal.

Bendición para el lector

Querido Padre Celestial,

Hoy estoy aquí para pedir Tu guía para todas las personas de buen corazón que hay ahí fuera.

Por favor, cuida de los que se comportan con dignidad y gracia. Ayúdales a permanecer en el camino correcto, el que está lleno de bondad y buenas acciones.

Deja que su bondad brille, iluminando los rincones más oscuros con amor, una fuerza fuerte e innegable. Dales la valentía de defender aquello en lo que creen y de aferrarse a sus valores pase lo que pase.

Suplico para que sus acciones reflejen constantemente honor y gracia, llevando consuelo allí donde haya problemas. Concédeles la sabiduría para dirigir con mano amable y para estar siempre dispuestos a ayudar a los demás con un corazón compasivo.

Que sus vidas sean fuente de inspiración para todos los que les rodean, animando a los demás a alcanzar lo mejor de sí mismos. Haz que sus buenas obras sigan multiplicándose, tocando más vidas cada día. Ayúdales a ser siempre una fuerza del bien, a seguir adelante incluso cuando las cosas se pongan difíciles. Te pido que bendigas a estas almas nobles.

En tu santo nombre, Jesús, te lo pedimos. Amén.

Escribe aquí tu propia oración.

Querido señor

Septiembre - Capítulo 9
La mayordomia

¡Es una bendición todo el año!

Administrando tus recursos,

Proteger y proveer para los seres queridos,

Con la provisión de Dios.

La mayordomía es una confianza otorgada,

Tiempo y dinero concedidos,

Un deber firmemente plantado.

Con la fe como fundamento,

Y el amor como guía,

Administramos bien nuestras bendiciones,

Con Dios siempre a nuestro lado.

A medida que avanza el mes de septiembre, las temperaturas empiezan a enfriarse y los días se hacen más cortos.

Este periodo suele presentar una mezcla de calor estival persistente y los primeros indicios de frío otoñal. En muchas regiones, septiembre también es conocido por sus condiciones relativamente secas y estables, lo que lo convierte en una época popular para las actividades al aire libre y la recolección de cosechas.

"Nos ganamos la vida con lo que obtenemos, pero nos ganamos la vida con lo que damos".

- W. Churchill

"A quien se le puede confiar muy poco, también se le puede confiar mucho, y quien es deshonesto con muy poco, también será deshonesto con mucho".

-Lucas 16:10

Es momento de contar una historia

Los Guardianes de la Tierra, un grupo dedicado a promover la gestión responsable de la Tierra, han dado hoy la bienvenida a un nuevo miembro: Joy, una mujer de voz suave y corazón apasionado.

Cuando se reunieron, el Sr. Rodríguez, maestro de escuela jubilado y líder del grupo, inició la reunión. "Buenos días a todos. Hoy vamos a debatir los principios de una administración responsable. Estamos encantados de dar la bienvenida a Joy, que aporta una nueva perspectiva y una gran riqueza de conocimientos".

Joy, agradecida, respondió: "Gracias, Sr. Rodríguez. Me entusiasma aprender de todos vosotros".

La reunión comenzó con un debate sobre el principio de reverencia por la vida. El Sr. Rodríguez explicó: "La corresponsabilidad o mayordomía nos inspira a cultivar una profunda reverencia por la vida. Se trata de reconocer el valor de todo ser vivo". La mente de Joy se trasladó a la infancia que pasó en el jardín de su abuela, maravillándose ante las complejidades de la naturaleza. De repente, la puerta crujió al abrirse, y un muchacho con la ropa hecha jirones y la cara manchada de suciedad se asomó al interior. La habitación se quedó en silencio. Joy se acercó a él y le preguntó en voz baja: "¿Cómo te llamas?".

"JJ", susurró.

"¿Te gustaría unirte a nosotros, JJ?" preguntó Joy, tendiéndole la mano. Asintió, y mientras caminaban de vuelta al grupo, algunos miembros parecían escépticos, pero el Sr. Rodríguez les tranquilizó: "Recordad, los mayordomos actúan con integridad y compasión. JJ, aquí eres bienvenido".

Cuando el tema pasó a ser la integridad, Joy reflexionó sobre sus dificultades para mantener la integridad en un mundo que a menudo premia lo contrario. El grupo compartió historias personales, cada una de las cuales subrayaba la importancia de la verdad en sus vidas.

A continuación, el Sr. Rodríguez abordó la compasión. "La corresponsabilidad implica tratar a los demás con respeto y empatía, independientemente de sus circunstancias. Esto es crucial para un mundo justo y sostenible".

Joy compartió sus experiencias de trabajo con refugiados, incluida una conmovedora historia sobre una mujer llamada Amina, que, a pesar de las graves dificultades, ayudaba continuamente a los demás. "La verdadera compasión no conoce fronteras", concluyó Joy.

La sala asintió, conmovida por las historias. Mientras tanto, JJ, que había estado callado, llamó la atención de Joy. Animado por ella, JJ compartió: "Hay un parque cerca de mi casa lleno de basura. A veces, la limpio. Me entristece que a la gente no le importe". Su sencillo acto de corresponsabilidad resonó en todos. El Sr. Rodríguez elogió a JJ: "Es un ejemplo maravilloso de administración. Estás mostrando respeto por la Tierra y por quienes utilizan ese parque". A continuación, el grupo intercambió ideas sobre formas de promover sus principios de administración a nivel local, desde organizar limpiezas hasta talleres educativos. Joy sugirió crear un huerto comunitario para enseñar a llevar una vida sostenible. Al concluir la reunión, el Sr. Rodríguez invitó a todos a formar un círculo y cogerse de la mano. "Nuestras acciones, por pequeñas que sean, pueden tener un gran impacto. Juntos podemos crear un mundo más justo y sostenible".

Joy y JJ sintieron una profunda sensación de pertenencia y propósito cuando se cogieron de la mano. "Gracias por invitarme", dijo JJ en voz baja.

"Siempre eres bienvenido, JJ", respondió Joy. "Aquí todos somos administradores". Al salir del centro comunitario, Joy se sintió llena de esperanza. Los principios debatidos no eran sólo ideas abstractas; eran una llamada a la acción. Sabía que la corresponsabilidad requería compromiso y que no estaba sola en este viaje.

Más tarde, mientras Joy y JJ caminaban hacia el parque que él había mencionado, recogiendo basura y hablando de sus esperanzas, Joy se dio cuenta de que la administración también consistía en crear comunidad y reconocer la interconexión de toda la vida. Sentada en un banco del parque, mirando la puesta de sol, Joy le dijo a JJ: "Eres un verdadero administrador, JJ. Incluso las acciones más pequeñas pueden marcar una gran diferencia".

JJ sonrió con orgullo. "Gracias, Joy. Hacemos un buen equipo".

Juntos, sabían que podían inspirar a otros a cuidar del mundo, un acto de corresponsabilidad cada vez.

Semana 1: Corresponsabilidad Gozosa: Encontrar la gratitud en *las* maravillas de la naturaleza

Como administradores de la Tierra, encontrar alegría y aprecio en su belleza es algo más que un acto pasivo: es una expresión significativa de respeto y gratitud por el milagro de la vida. Cuando nos tomamos tiempo para apreciar de verdad el mundo que nos rodea, fomentamos una conexión más profunda con la naturaleza y un mayor sentido del propósito. Imagina despertarte cada día con una sensación de deleite ante toda la creación. Un buen administrador encuentra alegría no sólo en la grandeza de las montañas y los océanos, sino también en las maravillas más pequeñas, como el complejo diseño de una flor en flor o la relajante melodía del canto de los pájaros al amanecer. Esta perspectiva nos anima a cultivar un sentimiento de asombro y gratitud hacia el mundo natural, ayudándonos a ver lo extraordinario en lo cotidiano.

Ser un administrador de la Tierra significa adoptar una mentalidad de asombro y aprecio por la belleza que nos rodea. Este enfoque nos invita a detenernos, observar y sumergirnos en las maravillas de la naturaleza. Ya sean los altísimos árboles de un bosque, las olas rítmicas del océano o los delicados dibujos de las alas de una mariposa, todos los aspectos del mundo natural tienen algo que enseñarnos si nos tomamos el tiempo necesario para observarlos.

Cuando adoptas la postura de un administrador, despiertas a la profunda unidad de todas las formas de vida y ecosistemas. Empiezas a ver cómo todo está interconectado, cómo la salud de una parte del medio ambiente afecta al conjunto. Esta comprensión te lleva a apreciar profundamente la capacidad de recuperación de la vida, la forma en que persiste y prospera a pesar de los desafíos. El ciclo interminable de nacimiento, crecimiento, decadencia y renovación es un testimonio de la extraordinaria capacidad de la Tierra para perdurar y adaptarse.

Cultivar este profundo aprecio por la resistencia de la Tierra nos inspira a pisarla con ligereza. Nos volvemos más conscientes de nuestras acciones y de su impacto en el medio ambiente. Se trata de estar agradecidos por los dones que la Tierra nos otorga y de reconocer nuestro papel en la protección y conservación de estos dones para las generaciones futuras. La corresponsabilidad es tanto un privilegio como una responsabilidad. Así que, a medida que avanzas en tu semana, tómate un momento para ver realmente el mundo que te rodea. Déjate cautivar por la belleza y la maravilla de la naturaleza. Siente la alegría y la gratitud que se derivan de formar parte de este increíble planeta.

Cuando des un tranquilo paseo por un parque, detente un momento. Observa cómo se filtra la luz del sol a través de las hojas, proyectando sombras juguetonas sobre el suelo. Fíjate en los vibrantes colores de las flores y en los complicados dibujos de cada pétalo. Escucha el susurro de las hojas y el alegre piar de los pájaros. Estos momentos de atención y apreciación son la esencia de ser un buen administrador.

Cuando empieces a adoptar esta perspectiva, descubrirás que tu conexión con el mundo natural se profundiza. Empezarás a ver la belleza en lugares que antes podrías haber pasado por alto. La resistencia de un árbol que crece en una calle abarrotada, la delicada danza de una libélula sobre un estanque o el decidido brote de una planta que se abre paso por una grieta en la acera se convierten en fuentes de inspiración y asombro.

Este cambio de perspectiva no sólo aumenta tu aprecio por la naturaleza, sino que también influye en tus acciones. Cuando reconoces la interconexión de toda la vida, te vuelves más consciente de cómo repercuten tus elecciones en el medio ambiente. Puede que empieces a reciclar con más diligencia, a utilizar menos plástico o a apoyar a los agricultores locales que utilizan prácticas sostenibles. Estas pequeñas decisiones conscientes se acumulan y contribuyen a la salud y el bienestar de nuestro planeta. Además, al cultivar un sentimiento de gratitud por la resistencia de la Tierra, te sentirás inspirado para protegerla. Comprender que nuestro planeta ha resistido y se ha adaptado a innumerables retos puede motivarnos para garantizar que siga prosperando. Esto significa abogar por políticas que protejan los hábitats naturales, participar en actos comunitarios de limpieza o simplemente compartir tu amor por la naturaleza con los demás para concienciarlos.

Recuerda que la corresponsabilidad no consiste en la perfección, sino en la intención. Se trata de tomar decisiones conscientes y comprender que cada esfuerzo, por pequeño que sea, contribuye a una causa mayor. Cuando te sientas unido a la Tierra, te alegrará poner de tu parte para preservar su belleza y sus recursos.

Así que, a lo largo de la semana, tómate tu tiempo para ir más despacio y apreciar de verdad el mundo natural que te rodea. Déjate conmover por su belleza, inspirar por su resistencia y motivar por el profundo impacto que puedes tener como administrador. Este viaje de corresponsabilidad es un viaje de aprendizaje y crecimiento continuos, y comienza con una elección sencilla pero poderosa: ver y honrar la belleza de toda la creación.

Al adoptar esta mentalidad, no sólo enriqueces tu propia vida, sino que también contribuyes a un mundo más sostenible y justo. Pasas a formar parte de un esfuerzo colectivo para garantizar que las generaciones futuras puedan disfrutar de las mismas maravillas que nosotros disfrutamos hoy. De este modo, tu administración se convierte en un legado de cuidado, respeto y amor por nuestro increíble planeta.

Semana 2: Guía del mayordomo para la durabilidad

¿Estás utilizando los recursos de la Tierra de forma responsable? Ser un buen administrador significa utilizar sabiamente lo que tenemos, minimizar los residuos y los daños medioambientales, y garantizar que las generaciones futuras también puedan beneficiarse de la abundancia de la Tierra. Practicar la sostenibilidad es clave. Esto significa ser conscientes de cómo consumimos y conservamos los recursos. Pasos sencillos como minimizar los residuos, reducir el consumo de energía y optar por productos ecológicos pueden marcar una gran diferencia. Piensa en dar prioridad a las fuentes de energía renovables, como la solar o la eólica, reducir las emisiones de carbono. Proteger los hábitats naturales también es crucial para preservar la biodiversidad y mitigar la degradación medioambiental.

Promover una economía circular es otro enfoque eficaz. Esto implica reciclar, reutilizar materiales y reducir el agotamiento de los recursos y la contaminación. Integrando estas prácticas en nuestra vida cotidiana, podemos contribuir a garantizar que las generaciones futuras hereden un planeta abundante en recursos y rico en belleza natural.

Siendo administradores conscientes, todos podemos contribuir a un mundo más sano y sostenible. Piensa en tus hábitos y elecciones diarias. ¿Hay aspectos en los que puedas reducir tus residuos o tu consumo de energía? Por ejemplo, apagar las luces cuando sales de una habitación, desenchufar los aparatos cuando no se usan y utilizar electrodomésticos de bajo consumo son medidas sencillas que pueden reducir significativamente tu huella energética.

En lo que respecta al consumo, piensa en cómo puedes hacer elecciones más sostenibles. Opta por productos con un embalaje mínimo, compra a granel para reducir los residuos y apoya a las empresas que dan prioridad a la estabilidad. Cada compra que haces es un voto por el tipo de mundo en el que quieres vivir.

La conservación del agua es otro aspecto crítico de la administración responsables. Reparar las fugas, tomar duchas más cortas y utilizar accesorios que ahorren agua puede ayudarte a reducir su consumo. Recuerda que el agua dulce es un recurso precioso que debemos utilizar con prudencia. El transporte es otro ámbito en el que puedes marcar la diferencia. Siempre que sea posible, elige caminar, ir en bici, compartir coche o utilizar el transporte público en lugar de conducir solo. Estas opciones reducen tu huella de carbono y contribuyen a un aire más limpio.

La jardinería también puede ser una poderosa herramienta para el equilibrio. Cultivar tus propias frutas y verduras reduce la necesidad de comprar productos en la tienda, que a menudo implican un transporte y un envasado considerables. Además, la jardinería puede ayudar a mantener la biodiversidad local y a crear espacios verdes que beneficien al medio ambiente y a tu comunidad. Defender las prácticas sostenibles en tu comunidad es tan importante como las acciones individuales. Anima a las empresas locales a adoptar prácticas más ecológicas, apoya las políticas que protegen el medio ambiente y participa en actos de limpieza de la comunidad. Tu voz y tus acciones pueden inspirar a otros y crear un efecto dominó de cambio positivo.

La educación es otra herramienta poderosa para promover la sostenibilidad. Comparte lo que aprendas sobre gestión responsable con amigos, familiares y compañeros. Cuanta más gente comprenda la importancia de una vida sostenible, mayor será el impacto colectivo.

Por último, recuerda celebrar tus progresos. La sostenibilidad es un viaje, y cada paso que das es importante. Reflexiona sobre tus logros y utilízalos como motivación para seguir mejorando. Adoptando estas prácticas y animando a otros a hacer lo mismo, todos podemos convertirnos en mejores administradores de la Tierra. Juntos, podemos garantizar que las generaciones futuras tengan la oportunidad de disfrutar de un planeta rico en recursos y belleza natural.

Semana 3: El poder de compartir

Como administradores, se nos confían diversos dones, ya sean posesiones materiales, talentos o recursos. Es nuestra responsabilidad extender nuestra abundancia a los que tienen menos afortunada. Pero, ¿qué significa eso realmente, y cómo podemos hacer que forme parte de nuestra vida cotidiana?

En primer lugar, consideremos el concepto de generosidad y compasión. ¿Compartes libremente los dones que se te han confiado con los necesitados? Esta pregunta pone de relieve la importancia de ser generoso y compasivo. No se trata sólo de dar lo que tenemos; se trata de reconocer nuestra interconexión y actuar en consecuencia.

Compartir no sólo tiene que ver con las posesiones materiales. También tiene que ver con nuestro tiempo, talentos y recursos. Piensa en las habilidades y capacidades que posees. ¿Puedes utilizarlas para ayudar a alguien marginado, vulnerable o que se enfrenta a dificultades? Compartiendo lo que tenemos, podemos marcar una verdadera diferencia en la vida de alguien.

Cuando compartimos, encarnamos la esencia de la corresponsabilidad. Demostramos que comprendemos lo interconectados que estamos todos y lo mucho que nos necesitamos unos a otros. Al ofrecer libremente nuestros dones a los necesitados, contribuimos a crear una sociedad más equitativa e integradora. Este acto de generosidad no sólo satisface necesidades inmediatas, sino que también fomenta un sentimiento de pertenencia y solidaridad en nuestras comunidades.

Compartir también cultiva la empatía y la humildad. Requiere que reconozcamos nuestros privilegios y el valor y la dignidad inherente a cada individuo. Cuando compartimos, salvamos divisiones y desmantelamos barreras, fomentando una cultura de apoyo mutuo y bienestar colectivo. Además, compartir nuestros dones no es sólo un intercambio transaccional. Es una profunda expresión de amor y solidaridad. Construye puentes de comprensión y empatía, fomentando un sentimiento de interconexión y humanidad compartida.

En última instancia, como buenos administradores, nuestro compromiso de compartir nuestros dones con los necesitados es un testimonio de nuestros valores y de nuestra creencia en el poder transformador de la compasión y la generosidad.

Al encarnar la esencia de la corresponsabilidad, inspiramos a otros a unirse a nosotros en la construcción de un mundo más justo y compasivo para todos. Así que tómate un momento para reflexionar sobre lo que tienes y cómo puedes compartirlo con los demás. Ya sea ofreciendo voluntariamente tu tiempo, donando recursos o simplemente estando ahí para alguien que lo necesite, cada acto de generosidad cuenta.

Compartir no tiene por qué ser un gran gesto. Los pequeños actos de bondad pueden tener un impacto significativo. Tal vez sea ofrecerse a ayudar a un vecino con la compra, pasar tiempo con alguien que se siente solo o utilizar tus habilidades profesionales para apoyar a una organización local sin ánimo de lucro. Estas acciones aparentemente pequeñas contribuyen a una cultura más amplia de generosidad y solidaridad.

Considera el efecto dominó de tus acciones. Cuando compartes tus dones, inspiras a otros a hacer lo mismo. Esto crea una reacción en cadena de comportamiento positivo, que difunde la buena voluntad y la compasión por toda tu comunidad. Se trata de crear un ciclo de dar que mejore la vida de todos.

Además, compartir no sólo es beneficioso para quien lo recibe. También puede ser increíblemente gratificante para quien lo da. Ayudar a los demás produce una sensación de satisfacción y alegría. Puede proporcionar una sensación más profunda de propósito y conexión en tu propia vida. Saber que has marcado la diferencia, por pequeña que sea, puede ser una poderosa motivación para continuar con esta práctica. La empatía y la humildad se nutren de los actos de compartir. Cuando das, reconoces que tus recursos y talentos puede tener un impacto positivo en la vida de otra persona. Esta conciencia fomenta una comprensión más profunda de las luchas y los retos de los demás, haciéndote más compasivo y conectado.

Otro aspecto importante de compartir es que no se trata de un acto puntual. Es una práctica continua que se convierte en parte de lo que eres. Se trata de buscar oportunidades cada día para ser un buen administrador. Esto puede significar reevaluar cómo empleas tu tiempo, cómo asignas tus recursos y cómo puedes utilizar tus talentos en beneficio de los demás.

Reflexiona sobre tu comunidad e identifica las áreas en las que puedes marcar la diferencia. Tal vez haya un refugio local que necesite voluntarios o un huerto comunitario al que le vendrían bien unas manos extra. Tal vez haya un programa de mentores en el que tus habilidades y experiencias puedan inspirar y guiar a alguien más joven o con menos experiencia.

Compartir también significa estar abierto a recibir ayuda cuando la necesites. Se trata de comprender que todo el mundo tiene momentos en los que necesita apoyo y que pedir ayuda forma parte de ser un miembro de la comunidad conectado y compasivo. Esta naturaleza recíproca de dar y recibir refuerza los vínculos entre las personas y fomenta un sentido más profundo de unidad.

Al fin y al cabo, la corresponsabilidad es algo más que gestionar los recursos: consiste en cultivar una mentalidad de generosidad y compasión. Se trata de comprender que todos formamos parte de un todo mayor y que nuestras acciones pueden influir profundamente en el mundo que nos rodea. Así que, a medida que avanzas en tu semana, piensa en los dones que se te han concedido. ¿Cómo puedes utilizarlos para marcar la diferencia en la vida de otra persona? ¿Cómo puedes fomentar un espíritu de compartir y la compasión en tus interacciones diarias? Al comprometerte con estos principios, no sólo ayudas a quienes te rodean, sino que también enriqueces tu propia vida y contribuyes a un mundo más justo y compasivo para todos.

Recuerda que la esencia de la corresponsabilidad reside en nuestra voluntad de compartir, de dar libremente y de actuar con amabilidad y empatía. Esforcémonos por ser corresponsables que inspiran a otros a unirse a nosotros en este viaje hacia una sociedad mejor, más inclusiva y compasiva.

Semana 4: La atención plena en la administración

Ser consciente significa estar plenamente presente y ser consciente de nuestros pensamientos, sentimientos y entorno. Se trata de prestar atención a lo que está ocurriendo en ese momento sin juzgarlo. Por otra parte, la corresponsabilidad consiste en cuidar de algo que se nos ha confiado. Ya sea el medio ambiente, un proyecto, una organización o una relación, ser un administrador significa reconocer nuestro papel en su bienestar y actuar en consecuencia.

Cuando combinamos la atención plena con la administración, creamos un enfoque poderoso para cuidar del mundo que nos rodea. Esto significa tomar decisiones que den prioridad a la autonomía a largo plazo sobre las ganancias a corto plazo. Como administradores conscientes, reconocemos el impacto de nuestras acciones y nos esforzamos por comprender las necesidades, los retos y las dinámicas implicadas. Piensa en ti mismo como un administrador consciente. Incorporas la atención y la responsabilidad en la forma en que interactúas y cuidas de todo lo que te rodea. Actúas basándote en principios y valores éticos que dan prioridad a la justicia, la integridad y la conservación. Tienes en cuenta las necesidades del futuro generaciones, respetar los derechos de los demás y esforzarte por conseguir resultados equitativos. Ya sea el medio ambiente, tus relaciones, tu comunidad o tu organización, este enfoque fomenta conexiones más profundas, una mayor sostenibilidad y un impacto más positivo dondequiera que vayas.

Ser un administrador consciente no consiste sólo en tener buenas intenciones, sino en actuar y practicar con constancia. El papel de un administrador es dinámico y requiere un aprendizaje y una adaptación continuos a las circunstancias cambiantes. Ser consciente significa estar abierto a nueva información, comentarios y perspectivas, y estar dispuesto a ajustar las estrategias o los enfoques según sea necesario. La naturaleza dinámica de la administración requiere un aprendizaje y una adaptación continuos para sortear los cambios medioambientales, tecnológicos, sociales y normativos.

Manteniéndose informados, adoptando la innovación y siendo flexibles, los administradores pueden cumplir eficazmente sus responsabilidades y contribuir a obtener resultados positivos para los recursos, sistemas y comunidades a los que sirven. Esto puede implicar adoptar prácticas sostenibles, tomar decisiones que minimicen los daños, escuchar activamente las opiniones y adaptar las estrategias en consecuencia, y buscar continuamente la mejora.

La administración suele implicar la colaboración con otras personas que comparten objetivos similares o tienen un interés en lo que se gestiona. Ser un administrador consciente significa fomentar las relaciones, crear asociaciones y trabajar juntos para alcanzar objetivos comunes. Se trata de comprender que todos estamos juntos en esto y que el esfuerzo colectivo conduce a un mayor éxito. Así que, a medida que avanzas en tu semana, recuerda que ser un administrador consciente es algo más que cuidar de las cosas. Se trata de cómo las cuidas, con conciencia, responsabilidad y el compromiso de hacer lo correcto. Este enfoque no sólo beneficia al mundo que te rodea, sino que también enriquece tu propia vida, creando un sentido de propósito y realización.

A medida que avances, considera cómo puedes integrar los principios de la administración consciente en tu vida cotidiana. Empieza por prestar atención a tu entorno y al impacto de tus acciones. Ya estés en casa, en el trabajo o en tu comunidad, hay innumerables oportunidades para practicar la administración consciente.

En tu casa, unos cambios sencillos pueden marcar una gran diferencia. Reduce los residuos reciclando y compostando, conserva el agua y la energía y elige productos sostenibles. Estos pequeños pasos contribuyen a un medio ambiente más sano y dan un ejemplo positivo a los demás.

En el trabajo, piensa en cómo afectan tus acciones a tus compañeros y a la organización en general. Fomenta una cultura de respeto y colaboración, y esfuérzate por crear un entorno solidario e integrador. Considera el impacto a largo plazo de tus decisiones y procura aplicar prácticas que fomenten la sostenibilidad y el comportamiento ético.

En tu comunidad, involúcrate en iniciativas locales que coincidan con tus valores. Ofrécete como voluntario en actos de limpieza, apoya a las empresas locales y participa en debates sobre el desarrollo de la comunidad. Establecer relaciones sólidas con tus vecinos y trabajar juntos para conseguir objetivos comunes puede crear un sentimiento de unidad y un propósito compartido.

La administración consciente también se extiende a tus relaciones personales. Trata a los demás con respeto y empatía, y ten en cuenta sus necesidades y perspectivas. Escuchando activamente y comunicándote con amabilidad, puedes reforzar tus conexiones y fomentar una red de apoyo.

Recuerda que ser un administrador consciente es un viaje continuo. Requiere aprendizaje continuo, adaptabilidad y voluntad de evolucionar. Mantente informado sobre los últimos avances en durabilidad y responsabilidad social, y muéstrate abierto a nuevas ideas y enfoques. Busca oportunidades de crecimiento, ya sea a través de la educación, la formación o simplemente participando en conversaciones con otras personas. Mientras recorres este camino, no tengas miedo de pedir ayuda o colaborar con otros. La administración suele ser un esfuerzo colectivo, y trabajar juntos puede amplificar tu impacto. Rodéate de personas con ideas afines que compartan tu compromiso con la administración consciente y apoyaos mutuamente en vuestros esfuerzos.

Reflexiona regularmente sobre tus progresos y el impacto de tus acciones. Celebra tus éxitos, por pequeños que sean, y aprende de los retos que encuentres. Esta reflexión te ayudará a mantenerte motivado y centrado en tus objetivos.

En última instancia, ser un administrador consciente consiste en marcar una diferencia positiva en el mundo. Se trata de reconocer nuestra interconexión y asumir la responsabilidad de nuestras acciones. Si adoptas la atención plena y la corresponsabilidad, puedes contribuir a un mundo más justo, sostenible y compasivo. A lo largo de tu semana, ten presentes estos principios. Afronta cada día con un sentido de propósito y con el compromiso de ser una persona consciente administrador. Tus esfuerzos, por pequeños que sean, pueden crear ondas de cambio positivo. Juntos, podemos construir un futuro mejor para nosotros y para las generaciones futuras. Así que demos hoy el primer paso. Estate presente, sé responsable y sé consciente en todo lo que hagas. Emprende el viaje de la administración consciente y observa cómo transforma no sólo tu vida, sino también el mundo que te rodea.

Mi anécdota personal

Para mí, la mayordomía es una confianza, una responsabilidad importante de gestionar tiempo, los recursos y el dinero no sólo para los demás, sino también para mí mismo. Implica cuidar, manejar y gestionar los recursos con prudencia. La administración consiste en tomar decisiones meditadas que beneficien a todos los implicados, garantizando que los recursos se utilicen de forma eficaz y sostenible. Esta confianza es algo que aprecio mucho, ya que me permite mantener a mi familia y contribuir positivamente a mi comunidad.

Mi esposo, mi familia y mis hijas han adoptado el valor de la satisfacción y la gestión de los recursos, lo que ha dado lugar a un hogar más armonioso y eficaz. Aprender a contentarnos con lo que tenemos nos ha inculcado un sentimiento de gratitud y satisfacción, que nos permite apreciar el momento presente en lugar de buscar constantemente más. Este cambio de mentalidad ha reducido el estrés y ha aumentado nuestra felicidad general. El manejo eficaz de los recursos ha sido clave para lograr esta satisfacción. Priorizamos las necesidades frente a los deseos, asegurándonos de vivir dentro de nuestras posibilidades y asignando fondos a lo que realmente importa: tiempo de calidad con la familia, educación y necesidades esenciales. La gestión eficaz de los recursos va más allá de las finanzas. Practicamos una vida sostenible reciclando, conservando la energía y minimizando los residuos. Estos hábitos benefician al medio ambiente y enseñar a nuestros hijas la importancia de la administración y la responsabilidad por el mundo que les rodea.

Cocinar en casa se ha convertido en una actividad familiar, que fomenta el trabajo en equipo y la comprensión del origen de nuestros alimentos, a la vez que resulta beneficioso. Al administrar nuestros recursos sabiamente a lo largo de los años, hemos podido crear un entorno familiar estable y seguro. Esta estabilidad proporciona una base sólida para que mis hijas prosperen académica y emocionalmente. Han aprendido el valor del trabajo duro, la paciencia y las recompensas de una planificación diligente. Ahora son adultos, conservan las lecciones aprendidas y practican estos principios en sus propias familias en crecimiento.

Nuestras relaciones familiares se han profundizado a medida que trabajamos juntos hacia objetivos comunes, apoyándonos y animándonos mutuamente. La satisfacción y la administración de los recursos nos han permitido invertir en experiencias más que en posesiones materiales. Las celebraciones y vacaciones familiares, los viajes educativos y las actividades de servicio a la comunidad enriquecen nuestras vidas y nos proporcionan recuerdos duraderos. Estas experiencias amplían nuestros horizontes y refuerzan nuestros lazos familiares, haciéndonos más resistentes y adaptables a los retos de la vida. Abrazando la satisfacción y gestionando eficazmente nuestros recursos, mi esposo y mis hijas han cultivado una vida plena y equilibrada, rica en amor, aprendizaje y experiencias compartidas. Este enfoque mejora nuestro bienestar y prepara a nuestros hijas para navegar por su futuro con confianza y sabiduría.

¡Estoy haciendo que cuente mi mayordomía!

Escribe aquí tu anécdota personal.

Bendición para el lector

Querido Padre Celestial,

Acudo a Ti con el corazón lleno de gratitud por el tiempo y los recursos que nos has confiado.

Como administradores de Tu creación, buscamos humildemente Tu guía y fortaleza para administrar estos dones con sabiduría e integridad. Por favor, concede a cada lector la sabiduría necesaria para reconocer el valor de cada momento y de cada recurso que se les concede.

Ayúdales a mirar más allá de lo inmediato y a considerar el impacto a largo plazo de sus acciones en las generaciones de hoy y de mañana.

Enséñales a ser fieles custodios, cultivando y conservando Tus bendiciones para el bien de sus familias y comunidades. Mientras se esfuerzan por ser buenos administradores, ayúdales a ser conscientes de que todo está conectado. Inspírales para que gestionen con equilibrio y armonía, conscientes de que sus decisiones ondulan a través del tejido de Tu creación.

Concédeles el valor de resistirse a la codicia y al egoísmo, eligiendo en su lugar un camino de generosidad y compasión. Que no utilicen Tus recursos en beneficio propio, sino para elevar a los necesitados y hacer avanzar Tu reino en la Tierra.

Llénalos de diligencia y perseverancia, capacitándolos para superar los obstáculos y desafíos que se les presenten. Ayúdales a mantenerse comprometidos con esta responsabilidad, sabiendo que sus esfuerzos contribuyen a Tu plan divino. Mientras emprenden este viaje de gestión responsable, que Tu gracia sea su compañera constante, guiando sus pasos e iluminando su camino.

Por último, Señor, haz que los frutos de su trabajo den testimonio de Tu amor y sabiduría sin límites.

En tu santo nombre, Jesús, te lo pedimos. Amén.

Escribe aquí tu propia oración.

Querido señor

Octubre - Capítulo 10
Gestión del tiempo

¡Haz que cuente tu tiempo!

Sé un buen mayordomo del tiempo todo el año,

A la luz de la mañana, con el canto del primer pájaro.

Cada momento es una oportunidad de crecer, de reír, de Aprender, de dejar que el amor se manifieste.

Desde el suave resplandor del amanecer hasta la caída de la Tarde, aprovecha el día.

Haz que cuente, de principio a fin,

En cada paso, con cada amigo.

Sé un administrador del tiempo, cada día,

Octubre presenta una oportunidad única para perfeccionar el manejo del tiempo. A medida que las temperaturas se enfrían y los días se acortan, recordamos el cambio de las estaciones y la importancia de aprovechar al máximo nuestro tiempo. El aire fresco y el follaje vibrante nos invitan a pasar tiempo al aire libre, apreciando la belleza de la naturaleza y reflexionando sobre el paso del tiempo. Es una oportunidad para ir más despacio, disfrutar de los placeres sencillos y planificar los meses venideros. Ya sea dando un paseo para admirar los colores otoñales o aprovechando las tardes más largas para centrarnos en objetivos personales, octubre nos anima a utilizar nuestro tiempo sabiamente y con intención.

"El tiempo es lo que más queremos, pero lo que peor utilizamos".

- W. Penn

"Mira, pues, con cuidado cómo andas, no como imprudente, sino como prudente, aprovechando bien el tiempo, porque los días son malos".

- Efesios 5:15-16

"Camina con sabiduría hacia los de fuera, aprovechando el tiempo".

- Colosenses 4:5

"Sin embargo, no sabes lo que te deparará el mañana. ¿Qué es tu vida? Pues eres una niebla que aparece por poco tiempo y luego se desvanece".

- Santiago 4:14

Es momento de contar una historia

Ana estaba sentada en el porche de su casa, saboreando los momentos de tranquilidad que precedían a las exigencias del día. Sorbiendo su café, reflexionaba sobre la fugacidad del tiempo. "Cada día es un lienzo nuevo", reflexionó, recordando las palabras de su abuela.

Un vecino, el señor Jacobs, se paseaba con su viejo golden retriever, Max. "Buenos días, Ana. ¿Has madrugado hoy?"

"Sólo pensaba en lo rápido que pasa el tiempo, Sr. Jacobs.

¿Cómo lo haces para mantenerte tan alegre y comprometida, incluso ahora?". Con una sonrisa, el Sr. Jacobs hizo una pausa, apoyándose en su bastón. "Ah, es sencillo pero difícil. Aprecia el momento en que te encuentras, no los pasados ni los venideros".

Ana asintió pensativa, mientras su mente entretejía sus palabras con su intención del día.

En la mesa de la cocina, Ana extendió su agenda, cuyas páginas rebosaban de tareas y citas codificadas por colores. Su smartphone yacía a su lado, zumbando suavemente con recordatorios. "Hora de planificar no sólo mi día, sino cómo vivo cada parte de él. Tengo que gestionar mi tiempo en lugar de dejar que él me gestione a mí. Herramientas sencillas: mi agenda, establecer recordatorios claros y ceñirme al máximo a mi horario sin ser rígida", se declaró a sí misma. Más tarde, Ana visitó una cafetería local, su capricho favorito entre semana. Mientras disfrutaba de su café, se fijó en una joven pareja que conversaba en una mesa cercana. Sus risas llenaban el ambiente y le recordaron a Ana la importancia de las relaciones.

De vuelta a casa, se puso en contacto por facetiming con su hermana Ana. "Echo de menos estas charlas", dijo Ana, con la cara iluminada en la pantalla. "Son estos momentos los que importan, no el número de tareas que tacho de mi lista".

Su conversación divagaba entre recuerdos familiares y planes de futuro, y cada minuto estrechaba más su vínculo, convirtiendo el tiempo en algo profundo y significativo. Aquella noche, Ana repasó sus objetivos. Tenía sueños: escribir un libro, aprender a pintar, viajar a Grecia. "Veinticuatro horas parecen tan poco, pero son suficientes para dar un paso hacia esos sueños", reflexionó.

Dejó el portátil a un lado y trazó un plan. "Pequeños pasos", se recordó a sí misma. Desglosó sus objetivos en tareas semanales, asegurándose de que cada día tuviera un propósito más allá de lo mundano.

Su amigo Jonás llamó más tarde, con la voz llena de entusiasmo por un nuevo proyecto. " Ana, ¿cómo encuentras tiempo para todas tus aficiones?".

"No se trata sólo de llenar horas, sino de hacer que las horas cuenten. Me fijo objetivos pequeños y alcanzables. Hoy he pasado una hora investigando las islas griegas. Mañana, quizá escriba una o dos páginas para mi libro".

Jonás se rió. "Deja algunos sueños para los demás, Ana".

Al caer la noche, Ana se sentó, satisfecha. Su día había sido normal, pero lleno de intenciones. Había administrado su tiempo, conectado con sus seres queridos, perseguido sus pasiones y planeado alegrías futuras. El día era una prueba de su administración del tiempo, un don realmente precioso, no porque fuera infinito, sino precisamente porque no lo era. Cada hora encerraba un potencial, cada minuto una oportunidad de vivir plena y significativamente. Mientras se dormía, Ana se sintió agradecida por la conciencia de utilizar cada día para crear una vida rica en propósitos y conexiones.

Semana 1: Tiempo bien empleado: Aprovechando cada momento

A menudo se considera el tiempo como una mercancía, un recurso que hay que asignar, controlar y optimizar. Sin embargo, esta perspectiva utilitarista pasa por alto la verdadera esencia del tiempo El tiempo es mucho más que un simple recurso; es la esencia misma de nuestra existencia. Es un regalo valioso y limitado que, lamentablemente, solemos subestimar or desperdiciar. Cada segundo es una oportunidad irrepetible para crecer, aprender y concretar con los demás. Valorarlo nos ayuda a vivir más plenamente, tomando decisiones conscientes. Al ser consciente de su valor, podemos vivir en el presente disfrutando cada momento, y aprovechando al máximo las oportunidades que se nos presenta. Administrar nuestro tiempo sabiamente nos permite construir una vida con propósito y significado. Es un recurso invaluable que define nuestra experiencia humana.

Cada minuto que pasa es único e insustituible, lo que hace que el tiempo sea nuestro bien más valioso. A diferencia del dinero o los bienes materiales, el tiempo empleado no puede recuperarse. Esta comprensión debería transformar nuestro enfoque sobre cómo empleamos nuestras horas y días. Considera el viejo adagio: aprovecha bien tu tiempo". No es sólo un consejo prudente: es una estrategia vital para vivir una vida plena. El tiempo debe apreciarse y aprovecharse al máximo, pero muchos de nosotros sólo reconocemos su valor en retrospectiva.

La famosa escritora Annie Dillard escribió: "Cómo pasamos nuestros días es, por supuesto, cómo pasamos nuestras vidas". Esta afirmación pone de relieve la naturaleza acumulativa del tiempo. Cada día es un microcosmos de la vida misma; si nos centramos en hacer que cada día tenga sentido, damos forma a una vida satisfactoria y gratificante. Lo fugaz de la naturaleza del tiempo es un concepto que resuena en innumerables expresiones culturales y reflexiones filosóficas. Nos recuerda que la vida, en toda su complejidad y belleza, es transitoria. Nuestros años en este planeta son limitados, y el reloj sigue avanzando independientemente de nuestras acciones. Sin embargo, esto no es motivo de desesperación, sino una razón de peso para vivir intencionadamente.

Los psicólogos han estudiado el fenómeno de la percepción del tiempo, observando que, a medida que envejecemos, el tiempo parece acelerarse. La "paradoja de las vacaciones" es un ejemplo fascinante, en el que el tiempo parece lento durante la experiencia, pero rápido al mirar atrás. Esto se debe a que las experiencias nuevas y atractivas son densas en recuerdos, pero la rutina conduce a menos momentos memorables, lo que hace que el tiempo parezca acelerarse en retrospectiva.

El antídoto contra el rápido paso del tiempo es la atención plena: la conciencia y la apreciación del momento presente. La atención plena nos permite ralentizar el ritmo percibido del tiempo comprometiéndonos plenamente con el presente. He aquí algunos consejos prácticos para cultivar la atención plena en la vida cotidiana:

1. **Reflexiones y pensamientos practico para el día a día:** Tómate unos minutos cada día para reflexionar sobre lo que hiciste, cómo te sentiste y qué momentos destacaron. Puedes hacerlo escribiendo un diario o reflexionando mentalmente. Esta práctica ayuda a anclar los recuerdos y aumenta tu aprecio por los pequeños detalles.
2. **Participa plenamente en las actividades**: Tanto si estás comiendo, paseando o hablando con alguien, concéntrate por completo en la actividad. Evita la multitarea, que diluye tu atención y disminuye la calidad de tu experiencia.
3. **Establece recordatorios de atención plena**: Utiliza la tecnología a tu favor estableciendo recordatorios para hacer

una pausa y respirar profundamente, observar tu entorno o expresar gratitud por el momento. Estas pequeñas pausas pueden ser increíblemente rejuvenecedoras.

4. **Aprende a meditar**: La meditación es una poderosa herramienta para desarrollar la atención plena. Practicarla con regularidad puede mejorar tu concentración, reducir el estrés y aumentar tu conciencia del presente. Incluso unos minutos al día pueden marcar una diferencia significativa. Al meditar te enfocas en tus propósitos y en tus valores.
5. **Conecta con la Naturaleza**: Pasar tiempo en la naturaleza puede ser especialmente enraizador. El mundo natural funciona a un ritmo más lento y orgánico que los entornos urbanos, lo que te ayuda a poner a cero tu reloj interno.

Sin embargo, considerar el tiempo como una bendición exige dejar de verlo como un recurso más que hay que gestionar. Exige apreciar la fugacidad de cada momento y comprometerse a vivir con atención. Al integrar estas prácticas en tu vida cotidiana, puedes empezar a apreciar el tiempo que tienes más profundamente, asegurándote de que tus días no sólo estén llenos, sino que sean verdaderamente satisfactorios. Esta mentalidad no sólo enriquece tu propia vida, sino que también mejora la de los que te rodean, creando un efecto dominó de positivismo y propósito.

Semana 2: Dominar el arte de administrar el tiempo

El concepto de gestión del tiempo se trata a menudo como un mero truco de productividad: una serie de técnicas para exprimir hasta la última gota de utilidad de cada minuto. Sin embargo, un enfoque más satisfactorio es ver el tiempo no sólo como un recurso que hay que gestionar, sino como un aspecto vital de la vida que hay que administrar con cuidado e intención. Este cambio de perspectiva, de la gestión del tiempo a la administración del tiempo, nos anima a utilizar nuestro tiempo con sabiduría y responsabilidad. La administración del tiempo consiste en reconocer que el tiempo es nuestro don más preciado. A diferencia del dinero, las posesiones o incluso las relaciones, el tiempo es el único bien que, una vez gastado, nunca puede recuperarse. Cada momento es único, y la forma en que elegimos emplear nuestro tiempo determina la calidad de nuestras vidas. Por tanto, adoptar una mentalidad de corresponsabilidad significa tratar el tiempo con el respeto que merece y utilizarlo de forma que refleje nuestros valores y prioridades.

En la práctica de la administración del tiempo, las herramientas digitales y en papel, como los calendarios y las agendas, tienen un valor incalculable. Estas herramientas nos ayudan a visualizar cómo distribuimos nuestro tiempo y a hacer los ajustes necesarios. Por ejemplo, un calendario bien organizado puede evitar el exceso de compromisos al proporcionarnos una visión clara de nuestros horarios diarios, semanales y mensuales. Por otra parte, una agenda puede servirnos para fijar objetivos concretos y hacer un seguimiento de los progresos, ayudándonos a centrarnos en nuestras prioridades.

Las herramientas digitales, especialmente, ofrecen funcionalidades adicionales como recordatorios y alertas, que pueden ser cruciales para mantenernos al día. Las aplicaciones que integran la gestión de tareas con funciones de calendario permiten a los usuarios ver sus listas de tareas junto a sus citas, creando una visión holística de su tiempo. Esta integración es especialmente útil para garantizar que tanto las tareas inmediatas como los proyectos a largo plazo reciben la atención que necesitan.

La administración eficaz del tiempo requiere algo más que las herramientas adecuadas; también implica adoptar estrategias específicas que mejoren nuestra capacidad para gestionar nuestros horarios. He aquí algunos consejos prácticos a tener en cuenta:

1. **Establecer recordatorios:** En la era digital, establecer recordatorios es más fácil y eficaz que nunca. Utilizar aplicaciones para teléfonos inteligentes y programas informáticos que nos avisen de las próximas tareas y plazos puede ayudar a garantizar que no se nos escape nada.

2. **Crear calendarios:** Una de las técnicas de gestión del tiempo más sencillas pero poderosas es la creación de horarios detallados. Asignar tiempos específicos a las tareas a lo largo del día puede aumentar drásticamente la productividad y reducir la ansiedad de una lista de tareas pendientes abarrotada.

3. **Minimizar las distracciones:** En una era de conectividad constante, las distracciones son una gran pérdida de tiempo. Estrategias como establecer horarios específicos para consultar el correo electrónico o las redes sociales, trabajar en un entorno tranquilo o incluso utilizar aplicaciones que bloqueen los sitios web que distraen durante las horas de trabajo pueden ayudar a mantener la concentración.

Aunque es importante ser productivo, la administración eficaz del tiempo también significa dejar tiempo para descansar y disfrutar. El equilibrio es clave para mantener la productividad a largo plazo sin agotarse. Por ejemplo, programar pausas regulares durante el trabajo, practicar aficiones y pasar tiempo con los seres queridos puede rejuvenecer la mente y el espíritu, mejorando así la eficiencia general.

Además, el tiempo dedicado al ocio no consiste sólo en descansar del trabajo, sino en enriquecer nuestra vida. Ya sea leyendo un libro, dar un paseo por la naturaleza o dedicarse a una actividad creativa, estas actividades contribuyen a nuestro crecimiento personal y a nuestro bienestar. La administración del tiempo es más que un método; es una mentalidad que honra la importancia del tiempo en nuestras vidas. Utilizando las herramientas con eficacia, aplicando estrategias prácticas y equilibrando la productividad con el placer, podemos gestionar nuestro tiempo de forma responsable y satisfactoria. Al convertirnos en mejores administradores de nuestro tiempo, no sólo mejoramos nuestras propias vidas, sino que también damos un ejemplo positivo a los demás sobre cómo valorar y utilizar el tiempo sabiamente.

Semana 3: Hacer que cada minuto importe: Guía para una vida con sentido

Hoy en día, es fácil caer en la trampa de contar los minutos en lugar de hacer que cada minuto cuente. Cada día, nos vemos inundados de tareas, notificaciones y exigencias que pueden llevarnos a simplemente sobrevivir en lugar de prosperar. Pero, ¿y si pudiéramos transformar nuestros minutos cotidianos en momentos de significado y plenitud? Este cambio de cuantificar el tiempo a calificarlo puede mejorar significativamente nuestra calidad de vida.

El primer paso para hacer que cada momento cuente es cambiar conscientemente nuestro enfoque del mero volumen de actividades al valor que esas actividades aportan a nuestras vidas. No se trata de llenar todos los huecos de nuestro calendario; se trata de asegurarnos de que cada acto programado enriquezca realmente nuestra vida. Por ejemplo, considera el simple acto de leer. En lugar de leer deprisa un libro para cumplir tu objetivo de "un libro al mes", ve más despacio y sumérgete en la narración. Reflexiona sobre los viajes de los personajes y sobre cómo pueden reflejar aspectos de tu propia vida. Este enfoque puede transformar la lectura de una actividad pasiva en una experiencia profundamente personal y enriquecedora. Del mismo modo, cocinar no tiene por qué ser una tarea más. Puede ser una oportunidad para explorar nuevas culturas a través de recetas o para estrechar lazos con los miembros de la familia durante la preparación de una comida. Si nos centramos en estos aspectos, cocinar se convierte en algo más que un medio para conseguir un fin: se convierte en un acto creativo y gozoso.

Una de las formas más satisfactorias de dar sentido a cada minuto es cultivar nuestras relaciones. El tiempo que pasamos con nuestros seres queridos tiene un valor incalculable, y es importante hacer que estas interacciones cuenten. En un estudio publicado por el Journal of Socio-Economics, los investigadores descubrieron que un aumento de la calidad de las relaciones sociales puede aumentar significativamente los niveles de felicidad. Esto subraya el profundo impacto que las conexiones profundas y significativas con los demás pueden tener en nuestro bienestar.

Tomemos, por ejemplo, una cena familiar habitual. Más que una reunión rutinaria, puede ser una oportunidad para que cada miembro comparta los altibajos del día y reciba apoyo y ánimo. Estos momentos no sólo refuerzan los lazos familiares, sino que también proporcionan un sentimiento de pertenencia y seguridad, que son cruciales para la realización personal.

Participar en actividades que enciendan nuestras pasiones es otro aspecto vital para hacer que cada momento cuente. Ya sea pintar, tocar música, trabajar en el jardín o escribir, dedicar tiempo a estas actividades nos proporciona una sensación de logro y alegría. Además, participar regularmente en actividades que nos gustan puede llevarnos a un estado de "flujo o corriente", en el que estamos tan absortos en lo que hacemos que el tiempo parece detenerse. Este estado se asocia a un aumento de la felicidad y una reducción del estrés, como señala el psicólogo Mihaly Csikszentmihalyi en su investigación sobre la felicidad y la creatividad. Por tanto, reflexionar sobre nuestros valores y vivir de acuerdo con ellos es clave para que cada momento tenga sentido. Nuestros valores actúan como una brújula que guía nuestras decisiones y acciones. Al alinear nuestras actividades con nuestros valores, nos aseguramos de que nuestro tiempo se emplea de formas que realmente nos importan.

Por ejemplo, si uno valora el servicio a la comunidad, el voluntariado en un refugio local puede ser increíblemente gratificante. Del mismo modo, si la salud es una prioridad, dedicar tiempo al ejercicio y a una nutrición adecuada es esencial. Se trata de hacer elecciones que reflejen lo que es más importante para nosotros, infundiendo así intención y propósito a nuestras rutinas diarias.

Hacer que cada momento cuente no consiste en estar ocupados, sino en ser conscientes de cómo empleamos nuestro tiempo. Se trata de elegir calidad en lugar de cantidad, profundidad en lugar de amplitud y significado en lugar de monotonía. Cuando empecemos a aplicar estos principios, descubriremos que nuestros días no sólo son más plenos, sino también más satisfactorios. Si nos centramos en crear experiencias significativas, en conectar con nuestros seres queridos, en perseguir nuestras pasiones y en vivir de acuerdo con nuestros valores, podemos transformar nuestras vidas de una serie de tictac de reloj en una colección de momentos significativos. Así que no esperemos ni un minuto más para empezar a vivir de forma más intencionada. Cada momento es una oportunidad para llevar una vida más rica y satisfactoria.

Semana 4: 24 horas, tu plan diario para el éxito

Hoy en día, es fácil sentirse abrumado por el ritmo aparentemente incesante de exigencias y responsabilidades. Sin embargo, cada día contiene una reserva de 24 horas, un tiempo igual que nos ofrece una oportunidad diaria de satisfacer no sólo nuestras necesidades, sino también las nuestras aspiraciones. Este libro reimagina la narrativa tradicional de la escasez de tiempo y la transforma en abundancia. El lamento habitual sobre el tiempo es que nunca es suficiente. Pero, ¿y si cambiamos esa perspectiva? Considera que en un solo día tienes 1.440 minutos a tu disposición. Visto desde este ángulo, cada día presenta una riqueza de tiempo que puede aprovecharse con la mentalidad adecuada.

La clave es no ver estos minutos como fugaces, sino como un recurso acumulativo. A lo largo de una semana, dispones de 10.080 minutos, y en un año, de más de medio millón de minutos. Esta abundancia, cuando se reconoce, puede cambiar nuestro enfoque de déficit a uno de posibilidad.

Los objetivos son los puntos de referencia por los que navegamos en nuestra vida. Proporcionan dirección y propósito, convirtiendo lo abstracto en alcanzable. Sin embargo, el poder de los objetivos no reside sólo en su establecimiento, sino en su desglose estratégico.

Entender cómo desglosar los objetivos es una cosa; ejecutarlos dentro de las limitaciones de un día es otra. Esto requiere una habilidad que a menudo se pasa por alto, pero que es fundamental: la gestión del tiempo. Una gestión eficaz del tiempo implica no sólo priorizar, sino también comprender los propios ciclos de productividad.

Por ejemplo, si eres una persona madrugadora, afronta las tareas más exigentes cuando tu energía esté en su punto álgido. Reserva los periodos de menor energía para tareas que requieran menos esfuerzo cognitivo. Herramientas como el bloqueo del tiempo pueden ser inmensamente útiles a este respecto, donde a cada bloque de tiempo se le asigna una actividad específica, minimizando el desperdicio de minutos preciosos.

Del mismo modo, uno de los retos más importantes a los que nos enfrentamos es equilibrar el trabajo, el ocio y el crecimiento personal dentro de los límites de nuestras horas diarias. Un enfoque equilibrado no consiste en dedicar el mismo número de horas a cada aspecto de la vida, sino en integrar estos aspectos de forma que complementen y mejoren la calidad de vida en general.

Sin embargo, para vivir cada día con todo su potencial, necesitamos adoptar una mentalidad de mejora continua. Cada mañana, pregúntate: "¿Qué puedo hacer hoy que me acerque a mis objetivos?". Esta pregunta marca la pauta para un día proactivo en lugar de reactivo, centrando tus energías en actividades que utilicen el tiempo de forma constructiva. Además, el final de cada día ofrece un momento para la reflexión. ¿Qué se ha conseguido? ¿Qué lecciones se han aprendido? Esta práctica reflexiva no sólo proporciona ideas, sino que también te prepara para los días siguientes, garantizando que cada una de las 24 horas esté alineada con tus aspiraciones más amplias.

El lienzo de 24 horas es tuyo para que lo pintes. Reformulando nuestra perspectiva del tiempo, fijando objetivos claros, gestionando eficazmente nuestras horas diarias y equilibrando nuestras actividades, podemos transformar cada día en un peldaño hacia mayores logros y una satisfacción más profunda. Recuerda, cada minuto cuenta, y con un enfoque estratégico, esos minutos pueden acumularse en una obra maestra de sueños cumplidos y actos impactantes.

Mi anécdota personal

La gestión del tiempo es crucial para mantener un equilibrio saludable entre el trabajo y la vida personal. Como madre de tres hijas vibrantes y sanas, mi viaje como administradora del tiempo y los recursos ha sido profundamente personal y enriquecedor. Desde el momento en que llegaron a este mundo, me vi inmersa en un torbellino de amor, cuidados y energía sin límites, asumiendo la profunda responsabilidad de alimentar su crecimiento y desarrollo. Gestionar el tiempo como madre ha sido a la vez un reto y una bendición. Desde los primeros días de noches sin dormir e interminables cambios de pañales hasta los ajetreados horarios del colegio, las actividades extraescolares y las obligaciones familiares, cada momento ha sido precioso y fugaz. Sin embargo, en medio del caos, he descubierto una profunda sensación de propósito y plenitud en el simple acto de estar presente para mis hijas.

En los tiernos años de su infancia, aprendí el arte de equilibrar sus necesidades y actividades con las exigencias de la vida diaria. Las mañanas eran un torbellino de actividad mientras mi esposo y yo hacíamos malabarismos para preparar el desayuno, dejarlos en el colegio y asegurarnos de que estaban peinados y listos para el día siguiente. Las tardes estaban llenas de sesiones de deberes, preparativos para la cena y momentos entrañables de juego y risas en familia.

A medida que se hacían mayores, cada vez era más consciente de la importancia del tiempo de calidad que pasaba con cada una de mis hijas. Ya fuera ayudándolas con sus estudios, animándolas cuando practicaban una nueva canción o simplemente escuchando sus esperanzas y sueños que leían en sus diarios. Hice un esfuerzo consciente por dar prioridad a las interacciones significativas que alimentaban su bienestar emocional y reforzaban nuestro vínculo como familia. La gestión eficaz del tiempo fue clave para garantizar que cada una de mis hijas recibiera el amor, el cuidado y la atención que necesitaban. Estableciendo rutinas, fijando límites y aprendiendo a decir no a compromisos no esenciales, creé espacio en mi vida para dedicarme plenamente a ellas en momentos de alegría, crecimiento y descubrimiento. Al recordar esos preciosos años, me siento llena de gratitud por el privilegio de ser madre de mis tres hermosas hijas. Me han enseñado lecciones inestimables sobre la paciencia, la resistencia y el poder transformador del amor incondicional. Mientras continúo en este viaje de maternidad y ahora de abuelidad, me comprometo a apreciar cada momento, saborear cada recuerdo y asumir la profunda responsabilidad de administrar el tiempo con amor, gracia y gratitud.

Equilibrar los papeles de esposa y madre es algo que he aprendido a manejar con intención y amor. A pesar de las exigencias del cuidado de nuestros hijos, siempre he dado prioridad a la relación con mi esposo. Incluso cuando el tiempo parece escaso, hago un esfuerzo consciente por reservar momentos para que conectemos y disfrutemos de nuestra mutua compañía. Desde las miradas que nos robamos mientras tomamos el café por la mañana hasta las veladas tranquilas en las que nos abrazamos, nuestra relación sigue siendo un santuario de amor y compañerismo. Me niego a dejar que el paso del tiempo disminuya la llama de nuestra pasión, porque nuestra unión es la base sobre la que prospera nuestra familia, y su conservación no es negociable.

Como madre trabajadora y dedicada educadora de niños de primaria, he mantenido un firme compromiso con mis responsabilidades, ausentándome rara vez salvo en momentos de extrema enfermedad. Madrugando y trasnochando, he dedicado mi corazón y mi alma a fomentar un entorno de aprendizaje enriquecedor y estimulante. Y en esos raros momentos en que la enfermedad me ha obligado a ausentarme, he sentido el peso de mi ausencia agudamente, anhelando estar de nuevo en el aula, guiando e inspirando a mis alumnos. Como miembro devoto de la iglesia de nuestra comunidad, he dado prioridad a asistir a nuestras reuniones a pesar de las limitaciones de tiempo. Reconociendo la importancia del alimento espiritual y del apoyo comunitario, he hecho un esfuerzo consciente por reservar un espacio en mi apretada agenda para estas reuniones. Ya sea a través de los servicios matutinos, las reuniones de oración entre semana o las actividades de confraternidad de fin de semana, he mantenido mi compromiso de fomentar las conexiones con otros creyentes y profundizar en mi fe. Incluso en los momentos en que el tiempo parece escaso, he encontrado consuelo y fortaleza en la hermandad de mi comunidad eclesial, sabiendo que estos momentos de culto y comunión compartidos tienen un valor incalculable para mi crecimiento espiritual y mi bienestar.

Ahora, soy profesora jubilada y tengo más tiempo para hacer libremente mucho trabajo misionero y pasar tiempo con mis nietos. Me alegro de haber aprendido a gestionar el tiempo y no dejar que el tiempo me gestione a mí. Todavía llevo y sigo una agenda diaria. Sigo utilizando el despertador como recordatorio para realizar distintas tareas dentro o fuera de casa. Una gestión eficaz del tiempo me permite priorizar las tareas y distribuir el tiempo con eficacia. Sobre todo, consigo pasar la mayor parte del tiempo con mi esposo, creando y atesorando recuerdos incluso después de 36 años de matrimonio.

¡Estoy haciendo que cuente mi tiempo!

Escribe aquí tu anécdota personal.

Bendición para el lector

Querido Padre Todopoderoso,

Al pasar todos la página de un nuevo mes, vengo ante Ti con un corazón agradecido por el don del tiempo.

Es un don como ningún otro, un recurso precioso que se nos escapa de las manos como granos de arena.

A veces, Padre, somos atrapados por las presiones diarias: las listas de tareas pendientes, las citas, la sensación constante de necesitar hacer más cosas.

Ayuda, Señor, a cambiar de perspectiva. Concédenos la sabiduría de ver el tiempo no sólo como algo que hay que gestionar, sino como un don precioso que Tu nos ha confiado. Recuérdale a los lectores a su fugacidad, que cada momento es único e irreemplazable.

Abre los ojos de cada lector y de quienes les rodea para apreciar la belleza del presente, Padre. Ayúdales a ser verdaderamente conscientes: a saborear la risa compartida con los seres queridos, los momentos tranquilos de reflexión, la simple alegría de un amanecer o una conversación con un amigo.

Guía a todo lector, Señor, para que sean buenos administradores de este precioso don. Muéstrale cómo utilizar las herramientas que tienen a su disposición -calendarios, planificadores y recordatorios-, no para controlar el tiempo, sino para emplearlo sabiamente. Concédeles disciplina para fijar objetivos claros y crear horarios que les permita ser productivos sin sacrificar tiempo para las cosas que de verdad importan.

Pero Padre, Tú conoces que le distrae y las atracción en sus agendas apretadas y el encanto de las distracciones. Ayuda a cada lector a identificar y minimizar esas distracciones, ya sea el ping constante de nuestros teléfonos o el impulso de hacer varias cosas a la vez en vez de centrarnos en la tarea que tenemos entre manos.

Dale la capacidad para dar prioridad a las tareas que se alinean con sus valores, las cosas que aportan sentido y propósito a sus vidas.

En lugar de limitarnos a llenar nuestros días de acontecimientos y actividades, ayuda a estos lectores a centrarse en crear experiencias, Padre.

Concédeles la sabiduría para buscar momentos de conexión con sus seres queridos, oportunidades para perseguir sus pasiones y la posibilidad de aprender y crecer. Ayuda a todos a utilizar su tiempo para contribuir de forma significativa al mundo que les rodea, aunque sea en pequeñas cosas.

Padre, hay días en los que 24 horas parecen apenas suficientes. Recuérdales la abundancia que hay en cada día. Enséñales a dividir los grandes objetivos en pasos manejables y a utilizar cada hora con intención.

Ayúdanos a todos a encontrar un equilibrio saludable en sus días, integrando el trabajo, el ocio y las aspiraciones personales para crear vidas que sean satisfactorias y productivas.

Sobre todo, Padre, concédeles la sabiduría necesaria para saber cuándo bajar el ritmo. Recuérdales a todos que se tomen tiempo para descansar y renovarse, para realizar actividades que aporten paz y alegría. Ayúdanos a encontrar momentos de reflexión tranquila, a conectar contigo y a escuchar Tu guía.

Padre Todopoderoso, al embarcarnos en este nuevo mes, te pido sabiduría para que todos sean buenos administradores del tiempo. Guíales hacia el uso de este valioso don para crear vidas llenas de propósito, experiencias significativas y una sensación de logro. Que utilicen su tiempo para alegrarse a si mismos y a los demás, y para contribuir a Tu plan mayor.

En tu santo nombre, Jesús, te lo pedimos. Amén.

Escribe aquí tu propia oración.

Querido señor

SÈ AMABLE
SÈ VALIENTE
SÈR TONTO
SÈ HONESTO
SÈR FELIZ
SÈ TU

Noviembre - Capítulo 11
La gratitud

¡Haz que la gratitud perdure todo el año!

A medida que avanza el dia,

La gratitud brota como los primeros rayos al amanecer

Pan compartido en la mesa, casa donde la alegria es el cimiento

Donde la risa se escucha en cada rincón , y el amor envuelve cada corazón con un abrazo cálido y protector

Nuestro hogar es un lugar donde florecen el agradecimiento,

En la gratitud, encontramos la dulce esencia de la vida.

Una pausa diaria para contar las bendiciones,

En las alegrías sencillas se agradece profundamente,
Reconociendo que en la vida cotidiana se despliegan el favor y a la bondad divina.

Noviembre suele traer un cambio notable en el tiempo a medida que el otoño se hace más profundo, preparando el escenario para la llegada del invierno. Esta transición está marcada por temperaturas más frescas y, en muchos lugares, por la primera nevada de la temporada. Es un mes en el que podemos expresar gratitud por el aire fresco y la belleza tranquila de las mañanas heladas, que nos invitan a bajar el ritmo y apreciar la calidez de las reuniones en el interior. Mientras la naturaleza se prepara para su descanso invernal, nosotros también podemos reflexionar sobre la abundancia del año pasado y el acogedor confort de las próximas celebraciones navideñas, que nos recuerdan el ciclo continuo de crecimiento y renovación.

"Alegraos siempre, orad continuamente, dad gracias en toda circunstancia; porque ésta es la voluntad de Dios para con vosotros en Cristo Jesús".

-1 Tesalonicenses 5:16-18

"No es cuánto tenemos, sino cuánto disfrutamos, lo que hace la felicidad".

-C. Spurgeon

Es momento de contar una historia

En medio del zumbido de la ciudad, el apartamento donde vivían Chesca, Frany y Chelli bullía con la misma vitalidad energética que caracterizaba las calles de abajo. Las tres hermanas, cada una con un talento único, crearon una obra maestra de imágenes y sonidos que llenó de vida su modesto hogar.

Jonathan miró por encima de las gafas a Chesca, que estaba metida de lleno en una gruesa novela. "¿De qué va ésta?", preguntó, con una voz mezcla de curiosidad y ánimo.

"Se trata de universos paralelos", respondió Chesca sin levantar la vista. "¡Imagina cómo sería conocer otra versión de ti mismo!".

En un rincón del salón, Frany rasgueaba la guitarra y sus dedos bailaban entre las cuerdas. La melodía que tocaba era relajante, casi reflexiva. Esther, que descansaba en el sofá, sonrió al oírla, olvidando momentáneamente su enfermedad. Chelli estaba ocupada en la mesa de la cocina, con el portátil abierto mientras editaba su último vídeo. "¡Mamá, papá, escuchad esto!", gritó.

"Tengo una nueva idea para una serie sobre trucos de belleza naturales. Podría ayudar a la gente a sentirse bien consigo misma".

Jonathan asintió, con el rostro orgulloso. "Vosotras sí que sabéis hacer brillar vuestra luz".

La voz de Esther era débil, pero estaba llena de calidez. "Y recuerda estar agradecida por cada pequeña cosa. Eso es más importante que cualquier otra cosa".

La habitación se silenció cuando una sombría realidad se apoderó de la familia. Las facturas se acumulaban y el trabajo de Esther como maestra de escuela estaba en suspenso. La tensión de la incertidumbre era palpable.

Una noche, mientras las hermanas limpiaban después de cenar, Frany rompió el silencio. "Tenemos que hacer algo", insistió. "No podemos quedarnos aquí sentadas viendo cómo se desmorona todo".

Chelli limpió la encimera y se volvió hacia sus hermanas. "¿Y si utilizamos lo que tenemos ahora mismo? ¿Nuestros talentos, nuestro tiempo?"

Chesca cerró su libro con un chasquido decisivo. "Puedo empezar a dar más clases particulares. Hay muchos chicos en nuestro edificio a los que les vendría bien ayuda con los deberes".

"Y hablaré con el Sr. Jensen en el café", añadió Frany, con la voz teñida de determinación. "Siempre ha dicho que le encantaría tener música en directo. Quizá pueda tocar algunas noches a la semana".

Los ojos de Chelli brillaron con un destello emprendedor. "Y lanzaré esa serie de vídeos que he estado posponiendo. Quizá incluso pueda empezar a vender algunos de los productos de belleza naturales que fabrico".

Sus acciones cambiaron el rumbo de su familia. Las sesiones de tutoría de Chesca se convirtieron en un elemento fijo del barrio, ayudando a muchas mentes jóvenes a superarse. La música de Frany atrajo a multitudes, y su voz se convirtió en un faro de esperanza para muchos. Los vídeos de Chelli ganaron adeptos, y su atractivo contenido y su genuina preocupación por sus seguidores provocaron una nueva oleada de negocios. Meses más tarde, cuando Esther recuperó sus fuerzas y volvió a la enseñanza, las hermanas reunidas en su salón, el sol de la tarde proyectaba largas sombras sobre el suelo. "Has convertido una situación difícil en un testamento de fortaleza", dijo Esther, ahora con voz más fuerte. Jonathan miró a sus hijas, con el corazón henchido. "Habéis demostrado que la gratitud no consiste sólo en dar las gracias. Se trata de vivirla, incluso en tiempos difíciles".

Mientras unían sus manos formando un círculo, las hermanas sintieron un renovado propósito. No sólo habían capeado el temporal, sino que habían salido fortalecidas, con sus lazos fortalecidos por la adversidad y sus corazones caldeados por la gratitud.

Semana 1: Abrazar el poder del agradecimiento para una vida memorable

Acción de Gracias no es sólo pavo y pasteles; es un día arraigado en la gratitud y en dar gracias a Dios por sus numerosas bendiciones. Pero ¿por qué limitar este sentimiento a un solo día? Imagina extender esta actitud de gratitud a lo largo de todo el año y reconocer las cosas maravillosas de tu vida, grandes o pequeñas. Esta práctica no consiste sólo en sentirse bien; puede mejorar significativamente tu bienestar y felicidad general al centrar tu atención en lo positivo.

A menudo se describe la gratitud como una emoción parecida al aprecio, pero piensa en ella como tu sensación de felicidad y agradecimiento no sólo en respuesta a la recepción de regalos, sino también por los acontecimientos afortunados de tu vida cotidiana. Es un sentimiento cálido que se enciende cuando reconoces lo bueno que hay en tu vida. Al practicar la gratitud, refuerzas una autopercepción positiva, que te ayuda a reconocer tus puntos fuertes y tus logros. Esto, a su vez, refuerza tu autoestima y tu sentido de la propia valía.

Hacer un esfuerzo consciente por reconocer y apreciar lo positivo de tu vida es como sentar las bases de una existencia más plena. Esto puede ser tan sencillo como saborear un café matutino o tan significativo como apreciar el apoyo de un ser querido en los momentos difíciles. Centrarte regularmente en estos momentos puede tener profundos efectos en tu salud mental, emocional y física.

Para aprovechar realmente los beneficios de la gratitud, tiene que convertirse en algo más que una práctica esporádica: tiene que ser un estilo de vida. Integrar la gratitud en tu rutina diaria puede parecer desalentador, pero es bastante factible con un poco de atención plena y unos cuantos hábitos sencillos.

Empieza cada día con un ejercicio de gratitud. Antes incluso de levantarte de la cama, piensa en tres cosas por las que estés agradecido. Pueden ser cosas tan sencillas como una cama cómoda, el tiempo soleado que hace fuera o el desayuno que te apetece tomar. Esta pequeña práctica establece un tono positivo para el día, cambiando tu enfoque de temer tus tareas diarias a estar agradecido por la capacidad y la oportunidad de abordarlas.

A lo largo del día, intenta mantener esta mentalidad de gratitud. Cuando alguien te sujeta la puerta, te ofrece una sonrisa o cuando realizas una tarea en el trabajo, dedica un momento a apreciar estos actos. Reconocer los esfuerzos de los demás no sólo cultiva tu propio sentimiento de gratitud, sino que también fortalece tus relaciones al hacer que los demás se sientan valorados.

Además, lleva un diario de gratitud. Cada noche, anota algunas cosas por las que te hayas sentido agradecido ese día. No tienen por qué ser revolucionarias; a veces, son las pequeñas alegrías las que hacen que tu vida sea más feliz.

Esta reflexión no sólo ayuda a reconocer lo bueno de tu día, sino también a afrontar el estrés con mayor eficacia, ya que desvía tu atención de la negatividad y la ansiedad.

Expresar gratitud no se limita a tus pensamientos personales; compártela con los demás. Un simple agradecimiento a un colega, una nota considerada a un amigo o un gesto amable a un desconocido pueden extender los efectos positivos de tu gratitud a los demás, fomentando una comunidad más solidaria y conectada.

Esta semana, desafíate a encontrar nuevas formas de expresar gratitud. Tal vez puedas dar las gracias a alguien por algo que no esperaría que le agradecieran, como una crítica constructiva que te ayudó a crecer, o quizá empezar a hacer voluntariado como forma de retribuir las bendiciones que has recibido.

Recuerda, cuando te centras en dar las gracias, te estás centrando en la bondad de nuestras vidas. No sólo reconoces tus bendiciones personales, sino también los factores externos, como un día de buen tiempo que hace que todo parezca un poco más brillante o las personas de tu vida que continuamente te abren puertas, creando oportunidades que enriquecen tu existencia.

Al incorporar la gratitud a tu vida cotidiana, puedes disfrutar de una satisfacción más profunda y de una perspectiva más resistente. Transforma tu perspectiva, permitiéndote ver más allá de las frustraciones y los retos inmediatos, reconociéndolos como meras partes de un viaje más amplio y positivo.

Así que, mientras avanzas, deja que la gratitud sea tu guía. Deja que te recuerde no sólo lo que tienes, sino también la alegría que puede surgir de apreciar plenamente esas cosas. A medida que cultives este hábito, puede que descubras que los días más ordinarios están salpicados de momentos de alegría y realización, convirtiendo la vida cotidiana en una serie de pequeñas celebraciones, cada una de las cuales merece la pena ser agradecida. Llevando la gratitud más lejos, piensa en ella no sólo como una respuesta, sino como un enfoque proactivo de la vida. Cuando afrontas las situaciones con un corazón agradecido, los retos son más fáciles de gestionar. Por ejemplo, en situaciones laborales estresantes, reconocer las habilidades que estás adquiriendo o la resiliencia que estás desarrollando puede cambiar por completo tu perspectiva. Esto no significa ignorar la dificultad, sino enmarcarla en un contexto que fomente el crecimiento positivo y la comprensión.

A medida que profundizas en tu práctica de la gratitud, puedes empezar a notar beneficios más sutiles. Puede que tu sueño mejore porque tu mente no se acelera con pensamientos negativos a la hora de acostarte. Puede que te encuentres más presente y comprometido en tus relaciones porque aprecias más profundamente a las personas que te rodean. Incluso tu salud física puede beneficiarse, ya que numerosos estudios sugieren que las emociones positivas sostenidas asociadas a la gratitud pueden mejorar el sistema inmunitario y reducir los síntomas de algunas enfermedades crónicas.

Fomentar la gratitud en los demás también puede amplificar sus efectos. En tu familia, puedes iniciar una tradición en la que todos compartan algo por lo que estén agradecidos durante la cena. Esto no sólo aporta un momento de optimismo compartida, sino que también ayuda a cada miembro de la familia a reconocer y articular lo bueno de su vida. En el lugar de trabajo, fomentar un entorno en el que se exprese abiertamente la gratitud puede conducir a una atmósfera de mayor colaboración y apoyo. Reconocer los esfuerzos y los éxitos de los compañeros de trabajo puede levantar la moral y aumentar la productividad. Más allá del círculo inmediato, la gratitud puede extenderse a tu comunidad en general. Participar en el servicio a la comunidad o los actos locales con un corazón agradecido pueden reforzar tus conexiones con tus vecinos y aumentar tu aprecio por tu entorno. Ya sea limpiando un parque local o asistiendo a una reunión comunitaria, estas actividades te permiten devolver y sentirte más arraigado y conectado al lugar que llamas hogar.

Además, a medida que sigas practicando la gratitud, puede resultarte útil revisar y refrescar periódicamente tus hábitos de gratitud. Lo que funcionó al principio podría convertirse en rutina, y el impacto podría disminuir. Tal vez cambies de un diario de gratitud a una aplicación digital que te envíe recordatorios diarios, o tal vez decidas centrarte en expresar tu gratitud de formas más públicas o tangibles, como a través de las redes sociales o de un blog. La clave es mantener viva la práctica y evolucionar a medida que lo haces.

Cuando adoptes la gratitud, recuerda que es un viaje, no un destino. Habrá días en los que te resulte más difícil encontrar cosas por las que estar agradecido, y no pasa nada. Lo importante es volver una y otra vez a la gratitud, seguir intentándolo, incluso cuando sea difícil. La resistencia y la perspectiva que genera merecen el esfuerzo.

Así pues, la gratitud es mucho más que decir "gracias". Es una herramienta profunda que puede alterar drásticamente tu perspectiva, mejorar tu bienestar y enriquecer tus relaciones. Empieza poco a poco, sé constante y observa cómo el simple acto de reconocer y apreciar lo bueno de tu vida la transforma. Abraza el poder de la gratitud y comprueba por ti mismo cuánto más rica y plena puede llegar a ser tu vida.

Semana 2: ¡Un millón de gracias! ¿Cómo la gratitud moldea nuestra mente y nuestro cuerpo?

La gratitud no consiste sólo en decir "gracias". Es una herramienta poderosa que puede remodelar la forma en que vemos el mundo y a nosotros mismos, influyendo en nuestro bienestar mental y físico de forma profunda.

Imagina que empiezas cada día anotando tres cosas por las que estás agradecido. Podría ser algo tan sencillo como disfrutar de una buena taza de café, de la sonrisa de un desconocido o de la comodidad de tu hogar. Esta pequeña práctica puede parecer trivial, pero su impacto puede ser enorme. La gratitud desplaza tu atención de lo que falta en tu vida a lo que abunda. Este cambio es algo más que sentirse bien: se trata de crear un entorno mental en el que pueda florecer la positividad.

La depresión y la ansiedad suelen tener su origen en nuestros miedos y en lo que percibimos como carencia. Nos preocupa no tener lo suficiente, no ser lo suficiente o no hacer lo suficiente. La gratitud atraviesa estos pensamientos negativos cambiando la lente a través de la cual vemos nuestras circunstancias. Cuando te centras en lo que tienes, disminuyes el poder de estas emociones negativas. Las investigaciones sugieren que las personas que practican regularmente la gratitud tienen niveles más bajos de depresión y ansiedad. No sólo son más felices, sino que también tienen una visión más estable y positiva de la vida.

Pero los beneficios de la gratitud no se limitan a la mejora del estado de ánimo. Se extienden a aspectos más profundos y estructurales de nuestra salud mental, como la autoestima y el sentido de la propia valía. Reconocer lo bueno de tu vida te ayuda a ver tu propio valor. Empiezas a comprender que tu valía no depende de logros o posesiones externas, sino que es inherente a tu día a día. Este reconocimiento es fortalecedor. Crea una resistencia que te fortalece frente a los retos a los que te enfrentas. Cuando estás agradecido, los contratiempos son más fáciles de gestionar porque estás arraigado en una mentalidad que valora tu esencia por encima de tus circunstancias.

Además, la gratitud fortalece las relaciones. No se trata sólo de apreciar lo que los demás hacen por ti; se trata de reconocer su valor en tu vida. Esto construye conexiones más fuertes y solidarias. Cuando expresas gratitud hacia alguien, no sólo le haces sentirse valorado, sino que también refuerzas tu aprecio por la propia relación. Esto puede dar lugar a vínculos más profundos y a una mayor disposición a apoyarse mutuamente.

No pasemos por alto los beneficios físicos. Sí, la gratitud puede mejorar tu salud física. Los estudios han demostrado que las personas agradecidas experimentan menos dolores y molestias, y dicen sentirse más sanas que los demás. Es más probable que cuiden de su salud, hagan más ejercicio y acudan a revisiones periódicas, lo que probablemente contribuye a la longevidad. Los beneficios psicológicos de la gratitud también contribuyen al bienestar físico. La reducción del estrés y la mejora del estado mental pueden mejorar el sueño, el metabolismo y el sistema inmunitario.

Entonces, ¿cómo puedes cultivar este poderoso rasgo? Empieza con algo sencillo. Lleva un diario de gratitud y acostúmbrate a escribir diariamente algunas cosas que aprecias. Realiza prácticas de atención plena que se centren en el momento presente y en lo que agradeces. Expresa tu gratitud a los demás: di regularmente a tus amigos y familiares lo que aprecias de ellos. Estas acciones no sólo mejorarán tu vida, sino que también repercutirán en los que te rodean. Practicando la gratitud, no sólo estás siendo educado. Estás remodelando tu paisaje mental, reforzando tu salud física y mejorando tus relaciones. Es un camino sencillo pero poderoso hacia una vida más feliz y saludable. Recuerda, no es la felicidad la que nos trae la gratitud. Es la gratitud la que nos trae la felicidad. Así que, ¡empecemos a dar las gracias para conseguir una vida mejor!

Como ya hemos dicho, la gratitud es un poderoso catalizador de la felicidad, pero también es una herramienta de crecimiento y transformación personal.

Incorporar la gratitud a tu rutina diaria puede ser transformador. Por ejemplo, al empezar el día con pensamientos de gratitud, estableces un tono positivo para las horas que tienes por delante. Esto no significa ignorar los retos o dificultades a los que puedas enfrentarte, sino dotarte de un estado de ánimo positivo para afrontarlos. Imagina que te enfrentas a una reunión difícil o a una tarea desalentadora en el trabajo. Abordarla con una mentalidad que reconozca lo bueno de tu vida -como apreciar la oportunidad de presentar tus ideas o agradecer el apoyo de un compañero- puede reducir el estrés y mejorar tu rendimiento. Además, la gratitud también puede transformar tu rutina nocturna. Reflexionar sobre lo que has agradecido a lo largo del día puede ayudarte a relajarte y a cerrar el día con una nota positiva. Esta práctica puede mejorar la calidad de tu sueño al reducir la preocupación y la ansiedad, permitiéndote descansar en un estado de satisfacción.

Pero, ¿cómo podemos hacer que la gratitud sea algo más que un hábito, transformándola en un estilo de vida? Una forma es mirar más allá de nuestras ganancias personales y reconocer cómo podemos contribuir al bienestar de los demás. Esto puede implicar el voluntariado, ayudar a un vecino, o simplemente estar ahí para un amigo necesitado. Cuando la gratitud se extiende hacia fuera, no sólo enriquece tu vida, sino que también repercute en la comunidad que te rodea. Fomenta un sentido de interconexión y comunidad, reforzando que tus acciones pueden crear ondas positivas.

Además, la gratitud puede desempeñar un papel fundamental en nuestra resiliencia. La vida es impredecible y los retos son inevitables. Sin embargo, mantener una perspectiva agradecida puede ayudarte a sortear estos retos con mayor eficacia. Te permite ver los contratiempos como algo temporal y manejable dentro del contexto más amplio de tu vida. Esta perspectiva es crucial cuando te enfrentas a la adversidad: se trata de encontrar el lado positivo y centrarte en lo que puedes controlar.

Con el tiempo, ser agradecido puede provocar cambios significativos en la forma en que te percibes a ti mismo e interactúas con el mundo. Las personas que practican sistemáticamente la gratitud informan de un cambio permanente en su felicidad general y en su visión de la vida. Son más optimistas, menos materialistas y están más satisfechas con lo que tienen. Esto no significa que dejen de esforzarse por mejorar, sino que su motivación procede de un lugar de satisfacción y no de carencia.

Por último, cultivar una cultura de gratitud en tu entorno -ya sea en casa, en el trabajo o en entornos sociales- puede influir en los demás para que adopten una mentalidad similar. Demostrando los beneficios de la gratitud a través de tus acciones e interacciones, animas a los demás a detenerse y apreciar lo bueno de sus vidas. Esta práctica compartida puede reforzar los vínculos y crear un entorno más solidario y positivo para todos los implicados. Así pues, la gratitud no es sólo un acto;

es una filosofía, una forma de vivir que puede alterar drásticamente tu percepción del mundo y de tu lugar en él. Recuerda que cada pequeño acto de gratitud es un paso hacia una vida más plena y rica. Así pues, tómate hoy un momento para reconocer y apreciar lo bueno -por pequeño que sea- y observa cómo se transforma el mundo que te rodea, un pensamiento agradecido cada vez.

Semana 3: Gracias, cuerpo: Desbloquear el bienestar mediante la gratitud

¿Has pensado alguna vez que decir un simple "gracias" puede hacerte más saludable? Suena casi demasiado bueno para ser verdad, pero los efectos de la gratitud van mucho más allá de sentirse bien. De hecho, arraigar un sentimiento de gratitud en tu vida diaria puede producir mejoras notables en tu salud física y en tu felicidad general.

Empieza por lo básico. La gratitud es un catalizador para mejorar la salud física. Las investigaciones demuestran que las personas que practican regularmente la gratitud tienen mejor salud cardiaca, experimentan menos inflamación y disfrutan de un sistema inmunitario más robusto. Imagina manejar el estrés de tu vida cotidiana con más facilidad y coger menos resfriados, simplemente cultivando una actitud de agradecimiento.

Es más, las personas agradecidas suelen ser más proactivas respecto a su salud. Si estás agradecido a tu cuerpo y a lo que puede hacer, es más probable que cuides de él. Esto significa que puedes ir al gimnasio más a menudo o elegir una ensalada en lugar de la segunda porción de pizza, no por obligación, sino porque realmente quieres tratar bien a tu cuerpo. El ejercicio regular y una dieta equilibrada son claves para mantener tu salud, reducir los riesgos de enfermedades crónicas, y mantener altos los niveles de energía. Pero hablemos del estrés por un momento. No es ningún secreto que nuestro cuerpo reacciona al estrés de formas que no siempre son buenas para nosotros. El estrés elevado puede provocar hipertensión arterial y debilitar el sistema inmunitario, haciéndonos más susceptibles a todo, desde la gripe hasta problemas de salud más graves. Aquí es donde interviene la gratitud como antiestrés. Si te centras en lo bueno de tu vida -puede que sea tu familia, un logro reciente en el trabajo o simplemente una buena taza de café-, puedes ayudar a controlar el estrés. No se trata de ignorar lo malo, sino de dar más poder a lo bueno, lo que puede hacer que te sientas más centrado y menos abrumado.

Otra área en la que brilla la gratitud es la calidad de tu sueño. En lugar de tumbarte en la cama con la mente zumbando por un millón de preocupaciones, imagina que te dejas llevar mientras cuentas tus bendiciones. Los estudios sugieren que las personas que reflexionan sobre experiencias positivas antes de acostarse suelen tener una mejor calidad del sueño. Esto podría significar que se duermen más deprisa y se despiertan más descansados. Dormir bien es crucial; es cuando tu cuerpo se repara, clasifica la información del día y se recarga para el mañana.

Pasemos ahora a los beneficios para el estado de ánimo. La gratitud está estrechamente vinculada a la felicidad. Resulta que reconocer las cosas buenas de tu vida puede aumentar tu satisfacción vital e incluso mitigar los sentimientos de ansiedad y depresión. No se trata de ponerle una sonrisa a todo, sino de desplazar tu atención de lo que te falta a lo que te sobra. Cuando te concentras en emociones y experiencias positivas, fomentas de forma natural una sensación de satisfacción que puede transformar tu visión de la vida. Al volver a centrarte en lo que tienes en lugar de en lo que no tienes, puedes cultiva una mentalidad positiva. Esto no sólo te hace sentir mejor, sino que te hace más resistente. Te resultará más fácil recuperarte de los contratiempos y mantener una actitud positiva ante la vida. Además, esta éxito tiende a extenderse: puede mejorar tus relaciones y atraer a otros hacia ti, creando un ciclo de positividad que beneficia a todos los implicados.

Entonces, ¿cómo puedes empezar a incorporar más gratitud a tu vida? Puede ser tan sencillo como empezar un diario de gratitud. Cada noche, anota tres cosas por las que te hayas sentido agradecido ese día. O proponte dar las gracias a la gente más a menudo, ya sea a un compañero que te ha ayudado con un proyecto o a un desconocido que te ha abierto la puerta. Estos pequeños actos de reconocimiento pueden suponer una gran diferencia en cómo te sientes. La gratitud es como un músculo: cuanto más lo usas, más fuerte se hace. Si conviertes el agradecimiento en una práctica diaria, podrás disfrutar de mejor salud, mejor sueño y una vida más alegre. Así que, ¿por qué no lo intentas? Tu cuerpo y tu mente te lo agradecerán.

En un mundo que a menudo hace hincapié en lo que nos falta, elegir la gratitud puede parecer revolucionario. Nos permite celebrar el presente y abordar la vida con optimismo y amabilidad. Tanto si agradeces a tu cuerpo su fuerza después de un entrenamiento, como si aprecias un día soleado o te sientes agradecido por el mensaje de texto de un amigo, cada momento de gratitud es un paso hacia un yo más feliz y sano. ¡Muchas gracias, cuerpo!

Crear un ritual de gratitud

Una forma eficaz de cultivar la gratitud es crear rituales o protocolo diarios que fomenten el pensamiento reflexivo. Esto no tiene por qué ser muy elaborado; puede ser tan sencillo como hacer una pausa antes de comer para apreciar la comida y todo el esfuerzo que se ha invertido en hacerla. Este momento de reflexión no sólo aumenta tu aprecio, sino que también puede mejorar tu experiencia de comer, haciéndote más consciente de los sabores.

Otro método estupendo es poner recordatorios de gratitud en tu entorno. Podrían ser notas adhesivas en el espejo del baño con afirmaciones o cosas por las que estás agradecido, o poner recordatorios diarios en el teléfono que te pidan que pienses en una cosa que aprecias de tu día. Con el tiempo, estos pequeños recordatorios pueden ayudarte a cambiar tu estado mental predeterminado por otro que reconozca y celebre lo positivo.

Los retos y los contratiempos son inevitables, pero la gratitud puede transformar estas dificultades en oportunidades de crecimiento. Cuando te enfrentes a un problema, pregúntate: "¿Qué puedo aprender de esto?" o "¿Hay algo de esta situación por lo que pueda estar agradecido?". Este replanteamiento puede cambiar drásticamente tu interacción con los obstáculos de la vida, revelando a menudo resquicios de esperanza y lecciones ocultas.

Por ejemplo, un día duro en el trabajo puede recordarte tu capacidad para manejar el estrés o animarte a apreciar los días en que todo va sobre ruedas. Si ves los retos a través de la lente de la gratitud, no sólo aliviarás la tensión que te causan, sino que también te capacitarás para superar futuros obstáculos con mayor facilidad y confianza.

La gratitud no sólo te beneficia a nivel personal, sino que también fortalece tus relaciones. Mostrar agradecimiento puede hacer que las personas de tu vida se sientan valoradas y profundizar tus conexiones con ellas. Puede ser tan sencillo como dar las gracias cuando un amigo te presta atención o actos más profundos como reconocer el impacto de alguien en tu vida. Estas expresiones de gratitud enriquecen tus interacciones y a menudo conducen a un agradecimiento recíproco, fomentando una comunidad solidaria y afectuosa a tu alrededor. Además, la gratitud puede ayudar a reparar puentes. Si te aferras a viejos agravios, considera el papel del agradecimiento en el perdón. Si te centras en lo que has ganado en una relación, en lugar de en lo que salió mal, puedes abrir la puerta a la reconciliación y la curación. Esto no significa desechar tus sentimientos, sino optar por centrarte en los aspectos positivos que pueden conducir a la reparación.

Por último, la gratitud no tiene por qué limitarse a tus circunstancias inmediatas. Puedes extenderla al mundo en general. Siéntete agradecido por el parque que te ofrece espacio para respirar, los servicios comunitarios que mejoran tu calidad de vida o los avances tecnológicos que facilitan las tareas cotidianas. Cuando empieces a buscar, encontrarás innumerables razones para estar agradecido.

También puedes expresar tu gratitud con actos de bondad. Quizá seas voluntario en un refugio local, ayudes a un vecino necesitado o hagas un donativo a una causa en la que creas. Estas acciones no sólo difunden entusiasmo sino que también refuerzan tus sentimientos de gratitud al convertirte en un participante activo en el ciclo de dar y recibir.

La gratitud es una herramienta poderosa que puede transformar tu perspectiva, mejorar tu salud y profundizar en tus relaciones. Te permite vivir más plenamente en el presente y afrontar los retos de la vida con gracia y resistencia. Al hacer de la gratitud una práctica habitual, invitas a tu vida a un sinfín de posibilidades de alegría y plenitud. Así que empieza poco a poco, pero empieza hoy. Podría ser el principio de un viaje más alegre y satisfactorio por la vida.

Semana 4: Cultivar una vida de gratitud y alegría

¿Te has fijado alguna vez en cómo algunas personas parecen llevar una chispa de alegría vayan donde vayan o se enfrenten a lo que se enfrenten? Podrías pensar que son alegres por naturaleza o que tienen una vida fácil. Pero, a menudo, su secreto es algo maravillosamente sencillo pero profundamente impactante: viven una vida arraigada en la gratitud consciente.

Imagina que empiezas cada día no con un gemido al sonar la alarma, sino con un momento de gratitud. Antes incluso de salir de la cama, te detienes y reflexionas sobre el privilegio de un nuevo día. Tanto si eres sanador, mentor, conductor de autobús o piloto, piensa en la increíble oportunidad que tienes de marcar la diferencia. Ayudas a curar, a guiar, a enseñar o a transportar con seguridad a otros, impactando en vidas de maneras de las que quizá ni siquiera te des cuenta.

Piensa en un médico o terapeuta que empieza el día consciente de la curación que va a traer. O un profesor, que forma mentes jóvenes con cada lección. Incluso un conductor de autobús desempeña un papel crucial, llevando a la gente a su destino, cada pasajero con sus propias esperanzas e historias. Si te aferras a esta conciencia, afrontas el día con un sentido de propósito y un corazón lleno de agradecimiento.

A lo largo del día, te encuentras con distintas personas: pacientes, pasajeros, estudiantes o clientes. Cada interacción es una oportunidad para practicar la empatía y expresar gratitud. Cuando saludas a alguien con una sonrisa genuina o una pregunta atenta, reconoces su presencia y su importancia. Esto puede convertir incluso los intercambios mundanos en momentos de conexión. Durante las pausas, tómate tiempo para saborear los placeres sencillos de la vida. Ya sea disfrutar de una taza de té caliente o dar un breve paseo al aire libre, estos momentos son oportunidades para apreciar la belleza que te rodea. Observa el calor del sol, la brisa fresca o la bulliciosa vida de la ciudad con ojos nuevos. Es sorprendente la cantidad de alegría que puedes encontrar cuando prestas verdadera atención.

En tus relaciones, tanto personales como profesionales, mostrar gratitud es increíblemente poderoso. Puede ser mediante una sincera nota de agradecimiento, un pequeño regalo o una mano amiga cuando se necesita. Estos actos de amabilidad fortalecen los vínculos y construyen una base de respeto y aprecio mutuos.

Haz saber regularmente a tus seres queridos lo mucho que significan para ti. No tiene por qué ser algo elaborado; a menudo, los gestos más sencillos son los más conmovedores. Quizá sea lavar los platos como sorpresa o enviar un mensaje rápido para decir que piensas en alguien. Estos pequeños reconocimientos marcan una gran diferencia.

La vida no está exenta de desafíos, pero la gratitud consciente puede ayudarte a mantener la perspectiva. Cuando las cosas se tuercen, en lugar de caer en una espiral de frustración, intenta ver los contratiempos como oportunidades de crecimiento. Esto no significa ignorar tus emociones, sino reconocerlas y recordarte tu capacidad de recuperación y tus puntos fuertes.

Practica la autocompasión. Sé tan amable contigo mismo como lo serías con un amigo en la misma situación. Reconoce que cometer errores forma parte del ser humano, y permítete la gracia de aprender y seguir adelante.

Al final del día, tómate un momento para reflexionar sobre lo que ha ido bien. ¿Cuáles fueron las bendiciones del día? Quizá fue un paciente que te dio las gracias, un alumno que tuvo un momento "ajá", o simplemente una tarde tranquila en casa. Reconocer estos momentos te llena de alegría y te prepara para el día siguiente con un renovado sentido del propósito.

Vivir una vida de gratitud consciente no consiste sólo en sentirse mejor, sino en crear un efecto dominó que mejore la vida de quienes te rodean. Cada acto de bondad y cada momento de agradecimiento contribuyen a un mundo más positivo y conectado.

La gratitud consciente transforma tu forma de ver el mundo y de interactuar con los demás. Desplaza tu atención de lo que te falta a la abundancia que existe y crece con el reconocimiento. Al elegir la gratitud cada día, no sólo estás mejorando tu propia vida, sino que también estás dando un testimonio ejemplar de la alegría y la satisfacción que puede aportar. Ésta es la belleza de una vida llena de gratitud: enriquece tanto a quien la da como a quien la recibe, creando un ciclo de positividad que puede cambiar realmente el mundo.

Así que, ¿por qué no empezar hoy mismo? Un simple gracias, un momento de reflexión o un pequeño gesto de agradecimiento pueden encaminarte hacia una vida más alegre y plena. Bienvenido a "Gracias Cotidianas", donde cada momento es una oportunidad para crear alegría y gratitud.

Es esencial reconocer que adoptar una mentalidad de gratitud no requiere cambios monumentales en tu vida cotidiana. En su lugar, se trata de retocar los pequeños momentos, a menudo pasados por alto, convirtiéndolos en oportunidades para la atención plena y el agradecimiento.

Incorporar la gratitud a las tareas rutinarias

Toma algo tan rutinario como tu trayecto al trabajo. En lugar de desconectar o desplazarte por el teléfono, utiliza este tiempo para pensar en aquello por lo que estás agradecido. Podría ser el café matutino que has disfrutado, la sonrisa de un vecino o simplemente el hecho de tener un trabajo al que ir. Este cambio de perspectiva puede alterar significativamente tu estado de ánimo y tu perspectiva para el resto del día.

Del mismo modo, cuando realices tareas domésticas, intenta pensar en las razones por las que estas tareas son valiosas. Limpiar tu casa, por ejemplo, no es sólo cuestión de orden, sino de crear un espacio tranquilo para ti y tu familia. Mientras lavas los platos o doblas la ropa, reflexiona sobre la comodidad y la seguridad que proporcionan estas sencillas acciones.

En el trabajo, los retos pueden ser a menudo fuentes de estrés y frustración. Sin embargo, cada reto también conlleva la oportunidad de aprender algo nuevo, de mejorar y de demostrar resiliencia. La próxima vez que te enfrentes a un proyecto difícil o a un plazo ajustado, tómate un momento para reconocer las habilidades que estás desarrollando, las relaciones que estás fortaleciendo y el impacto que tiene tu trabajo.

Además, interactuar con los compañeros ofrece vías adicionales para practicar la gratitud. Reconoce las contribuciones únicas de cada miembro del equipo y expresa tu agradecimiento por sus esfuerzos y puntos de vista. Esto no sólo levanta la moral, sino que fomenta un entorno de trabajo más colaborativo y solidario.

En las relaciones personales, la gratitud puede profundizar los vínculos y aumentar el respeto y el amor mutuos. Acostúmbrate a decir regularmente a tus amigos y familiares lo que aprecias de ellos. Puede ser su sentido del humor, su disposición a escuchar o la forma en que siempre saben cómo animarte. Recuerda que la gratitud es contagiosa. Tu reconocimiento de las cualidades de los demás y tus expresiones de agradecimiento suelen inspirarles reciprocidad. Con el tiempo, esto construye una relación más profunda y satisfactoria, basada en el aprecio y el respeto mutuos.

En el mundo actual, es fácil dejarse atrapar por la negatividad y el pesimismo, ya que los ciclos de noticias y las redes sociales a menudo ponen de relieve los peores aspectos de la naturaleza humana y los acontecimientos mundiales. En este caso, la gratitud puede ser un poderoso amortiguador. Al centrarte en lo bueno -ya sea en las personas, las situaciones o el entorno- te proteges del cinismo y la desesperación.

Incluso en un mal día, intenta identificar al menos una cosa que haya ido bien o un aspecto del día por el que puedas estar agradecido. Esta práctica puede evitar una espiral descendente de negatividad y ayudarte a mantener una perspectiva equilibrada de los altibajos de la vida.

Crear un ritual nocturno de gratitud puede influir profundamente en la calidad de tu sueño y en tu estado mental al despertar. Dedica unos minutos antes de acostarte a escribir tres cosas por las que te hayas sentido agradecido ese día. No tienen por qué ser grandes; a veces, son las pequeñas alegrías las que hacen que la vida sea bella.

Esta práctica no sólo te ayuda a terminar el día con una nota positiva, sino que también refuerza el hábito de buscar y apreciar lo bueno de tu vida. Con el tiempo, este ritual nocturno puede ayudarte a desarrollar una actitud de gratitud más persistente.

Adoptar un estilo de vida de gratitud no consiste sólo en sentirse mejor, sino en cambiar fundamentalmente tu forma de interactuar con el mundo. Mejora tus relaciones, estimula tu mente y física, y aumenta tu satisfacción general con la vida. La gratitud convierte lo que tenemos en suficiente y más. Convierte la negación en aceptación, el caos en orden, la confusión en claridad: da sentido a nuestro pasado, aporta paz para hoy y crea una visión para mañana. Así pues, "Gracias Cotidianas" no trata sólo de reconocer lo bueno de tu vida, sino también de crear más de ello mediante el poder de la gratitud. Viviendo una vida que celebra cada momento y aprecia cada pequeña bendición, allanas el camino para un viaje satisfactorio y alegre por la vida. Así que tómate un momento y piensa por qué estás agradecido: es el primer paso en un camino transformador hacia una vida más rica y feliz.

Mi anécdota personal

Para mí, vivir con gratitud todo el año significa estar atenta a lo que Dios nos ha dado generosamente a mí y a mi familia por gracia.

Pienso en lo básico, como tener un techo sobre nuestras cabezas. Estoy muy agradecida por nuestro acogedor hogar: es un espacio seguro para mis hijas, para mí esposo y para mí. Luego está la comida, nuestro pan de cada día, que nunca damos por sentado. Hablando de comodidad, hablemos de mi colchón en forma de nube, donde me recargo cada noche. Es mi pequeña zona de recuperación que me prepara para afrontar lo que me depare el día siguiente.

No puedo olvidarme de mencionar nuestro coche. No importa qué modelo sea o cuántos años tenga; hace su trabajo, llevándonos adonde necesitamos ir. Y me quito el sombrero ante mi querido esposo, quien siempre está dispuesto a llevarnos. ¡Es una auténtica bendición! Yo también estoy increíblemente agradecida por mi trabajo. Como educadora, he podido devolver algo a la comunidad, lo que me ha llenado a muchos niveles. También valoro y aprecio a las personas en mi vida, las que me apoyan y celebran conmigo. Estoy agradecida por mi creciente familia y por quienes se preocupan por mis sentimientos y se unen a mí para orar por otros que necesitan una mano amiga.

Sí, ¡todo es una bendición!

Me comprometo a dar gracias al Señor de todo corazón. Recuerdo todas las cosas increíbles que Él ha hecho: Su curación, Su consuelo y cómo me eleva. Incluso en los momentos más oscuros, encuentro motivos para alegrarme y alabar Su nombre. Cuando me invade la soledad, cantar alabanzas y dar gracias me levanta el ánimo.

Abrazar la gratitud no tiene por qué ser complicado. Se trata de reconocer y apreciar las pequeñas y grandes bendiciones, y es algo que todos podemos hacer cada día.

¡Estoy muy agradecida!

Escribe aquí tu anécdota personal.

Bendición para el lector

Querido Padre Todopoderoso,

Me acerco a Ti con el corazón lleno de gratitud por las bendiciones que derramas generosamente en nuestras vidas cada día. Suplico por todos los lectores que adoptan la gratitud y el agradecimiento. Por favor, dales mentes claras y espíritus fuertes mientras afrontan los retos de la vida. Haz que sus corazones agradecidos brillen con fuerza, guiando tanto a los jóvenes como a los ancianos, a los ricos como a los pobres.

Bendíceles con la capacidad de forjar relaciones significativas basadas en el amor, el respeto y la comprensión mutua, tendiendo la mano a los sin techo, a las viudas y a los huérfanos. Que su bondad y gratitud lleguen a todos los que conozcan, ya sea en sus comunidades, escuelas o lugares de trabajo.

Concédeles el valor para afrontar las dificultades con gracia y resistencia, encontrando siempre motivos para estar agradecidos. Provee para sus necesidades, desde el sustento diario hasta las oportunidades educativas, e incluso las alegrías de unas merecidas vacaciones. Multiplica sus recursos y haz que sean testigos de Tu milagrosa provisión. Inspíralos y que con su ejemplo, inspiren a otros a adoptar un espíritu de gratitud y agradecimiento. Ayúdalos a todos a fomentar un mundo en el que florezcan la compasión, la comprensión y sobre la gratitud.

Te pedimos que los guíes para vivir vidas rebosantes de gratitud y bendiciones. Dando gracias por el alimento, la compañía que les rodea y la hospitalidad de sus familiares. Bendice a todos los presentes, a los que están en nuestros corazones y a todos los que hoy carecen de fortuna ya sea por cualquier razón.

En Tu santo nombre, Jesús, te lo pedimos. Amén.

Escribe aquí tu propia oración.

Noviembre

Querido señor

Agradecida

Diciembre - Capítulo 12
La culminación del año

Haz que sea un cierre del año MEMORABLE

Rememorando las alegrías con el corazón lleno de felicidad

En compañía de familiares y amistades

Así hemos aprendido a valorar todo el año,

Trescientos sesenta y cinco días en total!

Caminamos hacia un futuro mejor

Siguiendo la verdad y la piedad.

Siguiendo la luz que alumbra

Un camino de éxito y excelencia total.

Deleitemonos y marchemos sin miedo y sin temor

Reclamando nuestras victorias, para otro año conquistar.

Diciembre suele marcar un claro cambio en los patrones meteorológicos, ya que marca el comienzo de la estación invernal en el Hemisferio Norte y del verano en el Hemisferio Sur, lo que lo convierte en un mes de transiciones espectaculares.

Este mes se caracteriza por algunas de las temperaturas más frías del año en el norte, con nevadas cada vez más frecuentes, ideales para los deportes de invierno y las fiestas navideñas. Por el contrario, en el sur del globo, diciembre puede traer algunas de *las* temperaturas más altas del año, perfectas para ir a la playa y realizar actividades veraniegas. Al culminar el año, estas condiciones meteorológicas contrastadas ponen de relieve *la* diversidad del sistema climático del planeta y significan un tiempo de celebración y reflexión para la gente de todo el mundo.

"Los mejores días nos brindan recuerdos entrañables, y cuando acaba el año, llevamos esos momentos con nosotros, deseando crear aún más en los días venideros".

- Anónimo

"Lo mejor está por llegar".

- F. Sinatra

"El Señor te bendiga y te guarde; el Señor haga resplandecer su rostro sobre ti y tenga piedad de ti; el Señor alce sobre ti su rostro y te dé la paz".

-Números 6:24-26

Es momento de contar una historia

En la bulliciosa ciudad donde se alzaban los rascacielos y no cesaba el ruido del tráfico, anidada en medio del caos urbano, había una humilde iglesia. Este santuario era un lugar donde las almas buscaban consuelo y la comunidad prosperaba. Aunque pequeña en estatura, la iglesia albergaba entre sus muros las historias de muchas vidas entrelazadas por la fe y la amistad.

Chesca, Frany y Chelli eran tres pilares firmes de la congregación. Habían atravesado juntas los altibajos del año, con unos lazos forjados en experiencias compartidas y una firme devoción a sus creencias. Cuando el año llegaba a su fin, la iglesia planeó una reunión especial para reflexionar sobre el significado de los últimos meses. Chesca, con su cálida sonrisa y su corazón compasivo, se encargó de organizar el acto.

"Me aseguraré de que todo esté perfecto", dijo Chesca, disponiendo velas y flores con meticuloso cuidado. Frany, la sabia anciana del grupo, ofreció su orientación. "Recuerda que se trata del viaje que hemos compartido", recordó a Chesca, con voz suave pero firme.

Chelli, la optimista animosa, infundió al proceso de planificación su creatividad y entusiasmo habituales. "Añadamos un toque de color por aquí, quizá algo de música por allá", sugirió, con los ojos brillantes de entusiasmo.

Llegó el día de la reunión. La iglesia estaba adornada con velas parpadeantes y flores fragantes, preparando el escenario para una noche de introspección y celebración. Los miembros de la congregación se reunieron, con rostros que reflejaban el viaje que habían emprendido juntos.

Chesca se puso de pie ante los reunidos, con voz firme mientras daba la bienvenida a todos. "Esta noche celebramos el año que hemos compartido, los retos que hemos superado y la fe que nos une".

A continuación, Frany compartió conmovedoras anécdotas y lecciones aprendidas. "En nuestros momentos más oscuros, encontramos luz los unos en los otros y en nuestra fe", dijo, y sus palabras resonaron profundamente en la congregación.

Luego llegó el turno de Chelli. Con una energía contagiosa, relató los momentos de alegría y triunfo. "¿Os acordáis del picnic de verano?", empezó, con las risas burbujeando en la sala. "A pesar de la lluvia, bailamos y cantamos, encontrando alegría en cada gota".

Su discurso provocó sonrisas en los rostros y calor en los corazones, encendiendo un renovado sentido de esperanza y propósito entre los fieles reunidos. Cuando la reunión llegó a su fin, un sentimiento de gratitud llenó el aire. Cada miembro de la congregación tomó un momento para reflexionar sobre su propio viaje y el papel que su familia eclesiástica había desempeñado en él. Para Chesca, Frany y Chelli, esta noche no se trataba sólo de poner fin a un año; se trataba de reafirmar su compromiso mutuo y con las creencias que las unían.

Mientras se abrazaban en medio del santuario tenuemente iluminado, rodeados por los ecos de las oraciones compartidas y las bendiciones susurradas, sabían que, con independencia de lo que les deparara el futuro, lo afrontarían juntos, guiados por su fe y por los perdurables lazos de amistad forjados en el corazón de la ciudad.

Terminar el año con una nota alta es estupendo para tu salud emocional. Los buenos recuerdos te aportan felicidad y satisfacción, y te ayudan a equilibrar los momentos difíciles que hayas pasado. Empezar el año nuevo con vibraciones positivas te llena de esperanza y de un nuevo sentido del propósito, listo para emprender nuevas aventuras y retos.

Terminar el año con buenos recuerdos es una forma maravillosa de reconocer tu trayectoria, celebrar tus victorias y sentar las bases para un futuro aún mejor. Te recuerda los objetivos que has alcanzado, los hitos que has logrado y los retos que has superado, dándote un impulso de confianza al entrar en el nuevo año.

Semana 1: El poder de la memoria: Celebrar los logros e inspírate para el éxito futuro

Rememorar buenos recuerdos no es sólo una cuestión de nostalgia; es una herramienta poderosa que puede reforzar nuestro sentido del logro y validar nuestros esfuerzos y logros. Piensa en esos momentos de tu vida en los que te sentiste verdaderamente orgulloso de ti mismo. Ya se trate de hitos personales, éxitos profesionales o momentos de crecimiento y aprendizaje, estos recuerdos sirven como prueba de tu perseverancia, resistencia y capacidad para superar retos.

Cuando te tomas un momento para recordar estas experiencias positivas, básicamente te estás recordando a ti mismo de lo que eres capaz. Este acto de reflexión refuerza tu confianza en ti mismo y tu autoestima. Es como darte una palmadita en la espalda, afirmando que te has fijado objetivos, los has perseguido con determinación y, finalmente, los has conseguido. Esta validación de los logros pasados proporciona una base sólida sobre la que construir futuros esfuerzos. Te da un sentido de propósito y dirección, que es crucial para mantener la motivación y el empuje.

Recordar tus momentos de triunfo también fomenta una mentalidad positiva. Cuando recuerdas el trabajo duro y la dedicación que te llevaron a tus logros, recuerdas las recompensas que se derivan de tus esfuerzos. Esto puede inspirarte a superar tus límites actuales y alcanzar cotas aún mayores. En esencia, el acto de evocar buenos recuerdos no sólo celebra los logros pasados, sino que también te anima a perseguir nuevas metas con renovado vigor y entusiasmo. Una de las mejores formas de aprovechar el poder de la memoria es crear un "banco de recuerdos". Puede ser un álbum de recortes físico, un álbum de fotos digital o incluso un diario donde anotes tus momentos de mayor orgullo. Siempre que te sientas inseguro o desmotivado, puedes volver a estos recuerdos para recordar tus capacidades. Esta práctica puede ser increíblemente edificante y servirte como fuente constante de inspiración. Por ejemplo: digamos que tienes un diario en el que has escrito sobre tus logros. Podrías incluir entradas sobre la graduación en la universidad, un ascenso en el trabajo o la finalización de un proyecto difícil. Cada vez que lees esas anotaciones, recuerdas el duro trabajo y la determinación que te costó alcanzar esos hitos. Esto no sólo refuerza tu sensación de logro, sino que también te recuerda las habilidades y puntos fuertes que posees.

Otra forma eficaz de evocar buenos recuerdos es a través de conversaciones con amigos y familiares. Compartir tus logros con los demás puede ser una forma estupenda de revivir esas experiencias positivas. Esto no sólo te ayuda a recordar tus logros, sino que también te permite ver cómo ven los demás tus éxitos. Su perspectiva puede proporcionarte una validación y un estímulo adicionales, lo que aumentará aún más tu confianza y autoestima.

Además, evocar buenos recuerdos también puede servir como forma de ensayo mental para futuros éxitos. Cuando te visualizas triunfando en el pasado, te resulta más fácil imaginarte triunfando en el futuro. Estas imágenes mentales pueden ayudarte a desarrollar una mentalidad positiva y un fuerte sentimiento de autoeficacia, que son esenciales para alcanzar tus objetivos. Por ejemplo, si te estás preparando para una gran presentación en el trabajo, puedes recordar una ocasión en la que diste un discurso o dirigiste una reunión con éxito. Visualizando ese éxito pasado, puedes aumentar tu confianza y reducir la ansiedad ante la próxima presentación. Esto puede ayudarte a rendir mejor y aumentar tus posibilidades de éxito. También es importante tener en cuenta que evocar buenos recuerdos puede repercutir positivamente en tu bienestar general.

Los recuerdos positivos pueden reducir el estrés y mejorar tu estado de ánimo, facilitando que afrontes retos y contratiempos. Cuando tienes un estado de ánimo positivo, es más probable que seas resistente y adaptable, lo que puede ayudarte a superar las situaciones difíciles con mayor eficacia.

Incorporar la práctica de rememorar buenos recuerdos a tu rutina diaria puede ser una forma sencilla pero poderosa de aumentar tu sensación de logro y motivación. Aquí tienes algunos consejos que te ayudarán a empezar:

1. **Empieza un Diario de Gratitud**: Cada día, escribe tres cosas por las que estés agradecido, incluidos tus logros y experiencias positivas. Esto puede ayudarte a centrarte en las cosas buenas de tu vida y a reforzar tu sensación de logro y bendición divina.

2. **Crea un Tablero de visión**: Incluye imágenes y palabras que representen tus éxitos pasados y tus objetivos futuros. Este recordatorio visual puede ayudarte a mantener la motivación y la inspiración.

3. **Celebra tus triunfos**: Tómate tiempo para celebrar tus logros, por pequeños que sean. Ya sea regalándote algo especial o simplemente reconociendo tu éxito, celebrar tus victorias puede reforzar tu sensación de logro.

4.**Comparte tus éxitos**: Habla de tus logros con amigos, familiares o un mentor. Compartir tus éxitos puede proporcionarte una validación y un estímulo adicionales.

5.**Reflexiona regularmente**: Reserva un tiempo cada semana para reflexionar sobre tus logros y experiencias positivas. Esto te ayudará a centrarte en tus objetivos y a mantener una mentalidad positiva.

Además de estos consejos, también es importante reconocer que rememorar los buenos recuerdos es una práctica que requiere intencionalidad. Es fácil verse atrapado en el ajetreo de la vida cotidiana y olvidarse de dedicar tiempo a reflexionar sobre tus logros. Sin embargo, si haces de esta práctica una prioridad, puedes cosechar los beneficios de una mayor confianza, motivación y bienestar general.

Otro aspecto a considerar es el papel de los recuerdos positivos en la formación de tu identidad. Tus logros y experiencias contribuyen a lo que eres y a cómo te ves a ti mismo. Al recordar estos momentos positivos, refuerzas una imagen positiva de ti mismo y te recuerdas tus puntos fuertes y tus capacidades. Esto puede ser especialmente importante en momentos de duda o cuando te enfrentas a nuevos retos.

Si empiezas un nuevo trabajo o persigues un nuevo objetivo, puede que te sientas inseguro sobre tus capacidades. Recordando éxitos pasados, puedes acordarte de tu historial de logros y aumentar tu confianza en tu capacidad para triunfar en tu nueva empresa. Esto puede ayudarte a afrontar la situación con una mentalidad positiva y seguridad en ti mismo.

Además, los recuerdos positivos también pueden servir como fuente de motivación en los momentos difíciles. Cuando te enfrentas a retos o contratiempos, recordar momentos de triunfo puede recordarte que has superado obstáculos en el pasado y que tienes la resistencia para hacerlo de nuevo. Esto puede ayudarte a mantenerte centrado y decidido, incluso cuando las cosas se ponen difíciles. También vale la pena señalar que rememorar buenos recuerdos puede ser una poderosa herramienta para el crecimiento y superación personal. Al reflexionar sobre tus experiencias pasadas, puedes obtener información valiosa sobre lo que te ha funcionado bien y lo que podrías hacer de forma diferente en el futuro. Esto puede ayudarte a desarrollar una mentalidad de crecimiento y a esforzarte continuamente por mejorar.

Si estás trabajando en un proyecto y te encuentras con un contratiempo, es posible que recuerdes una situación similar de tu pasado y cómo la superaste. Reflexionando sobre lo que aprendiste de esa experiencia, puedes aplicar esas lecciones a tu situación actual y encontrar la forma de seguir adelante. Esto puede ayudarte a desarrollar habilidades de resolución de problemas y resiliencia, que son esenciales para lograr el éxito a largo plazo.

En conclusión, rememorar los buenos recuerdos es una práctica sencilla pero poderosa que puede tener un profundo impacto en tu sensación de logro, motivación y bienestar general. Dedicando tiempo a reflexionar sobre tus logros y experiencias positivas, puedes reforzar la confianza en ti mismo, fomentar una mentalidad positiva e inspirarte para perseguir nuevos objetivos con entusiasmo y determinación.

Así que acostúmbrate a celebrar tus victorias, a reflexionar sobre tus éxitos y a compartir tus logros con los demás. Crea un banco de recuerdos, empieza un diario de gratitud y rodéate de recordatorios visuales de tus logros. Al hacerlo, no sólo celebrarás tus logros pasados, sino que también te darás fuerzas para conquistar nuevos retos y alcanzar cotas aún mayores. Recuerda que cada recuerdo positivo es un testimonio de tus capacidades y fortalezas. Cada uno sirve como recordatorio de tu perseverancia, resistencia y capacidad para superar los retos. Al evocar estos recuerdos, validas tus esfuerzos y logros, aumentar tu confianza en ti mismo e inspirarte para seguir luchando por la excelencia. Así que, la próxima vez que te sientas inseguro o desmotivado, tómate un momento para evocar un recuerdo positivo. Reflexiona sobre el trabajo duro y la dedicación que te llevaron a ese logro, y deja que te recuerde tu potencial de éxito. Deja que te inspire para establecer nuevos objetivos, perseguirlos con determinación y, en última instancia, alcanzar tus sueños.

Semana 2: Cultivar buenos recuerdos

Cuando el año llega a su fin, es un buen momento para reflexionar sobre los recuerdos que hemos creado. Los buenos recuerdos marcan una pauta positiva para el futuro y pueden moldear significativamente nuestra perspectiva. Al pensar en momentos de alegría, éxito y conexión, nos damos un impulso de optimismo y resistencia. Estos recuerdos felices pueden actuar como faros de luz, guiándonos en los tiempos difíciles que se avecinan. Cuando recordamos nuestros éxitos y las veces que nos hemos sentido conectados a los demás, reforzamos nuestra creencia en nuestras propias capacidades. Es como darnos una pequeña charla de ánimo, recordándonos nuestros puntos fuertes y nuestra resistencia. Estos recuerdos nos muestran que hemos superado obstáculos antes y que podemos hacerlo de nuevo. Nos ayudan a sentirnos seguros cuando empezamos nuevos proyectos o nos enfrentamos a nuevos retos.

Pensar en los buenos momentos también nos ayuda a desarrollar una mentalidad de abundancia y gratitud. Cuando apreciamos las cosas buenas de nuestra vida, nos sentimos más felices y realizados. Esta mentalidad positiva puede atraer aún más cosas buenas a nuestra vida, creando un ciclo de felicidad y éxito. Al despedirnos del año viejo y dar la bienvenida al nuevo, tener buenos recuerdos puede nos hacen sentir esperanzados y entusiasmados con el futuro. Nos recuerdan que el futuro está lleno de posibilidades, esperando a que las abracemos con los brazos abiertos y el corazón agradecido. Reflexionar sobre los momentos felices es algo más que un viaje por el camino de los recuerdos. Se trata de volver a conectar con los sentimientos de felicidad y satisfacción que te provocaron esos momentos. Piensa en un momento en el que te reíste hasta que te dolieron los costados o en el que sentiste una profunda sensación de paz y satisfacción. Estos recuerdos pueden levantarte el ánimo y darte una nueva perspectiva la vida memorable que has vivido..

Tal vez fue una reunión familiar en la que todos estaban de buen humor o un momento tranquilo a solas en el que te sentiste completamente a gusto. Sean cuales sean esos momentos, tómate tu tiempo para recordarlos con detalle. Permítete revivir la felicidad y la satisfacción que sentiste. Esos momentos son como un combustible emocional, que te da la energía y la positividad necesarias para afrontar el futuro.

Celebrar nuestros éxitos es otra forma importante de cultivar buenos recuerdos. A menudo, conseguimos algo y pasamos rápidamente al siguiente objetivo sin tomarnos el tiempo de apreciar realmente lo que hemos logrado. Pero celebrar nuestros éxitos, por pequeños que sean, puede reforzar nuestra confianza en nuestras capacidades y motivarnos para seguir adelante.

Piensa en los logros del año pasado de los que te sientas orgulloso. Tal vez hayas completado un proyecto desafiante en el trabajo, alcanzado un objetivo personal de forma física o aprendido una nueva habilidad. Tómate un momento para reconocer estos éxitos y darte una palmadita en la espalda. Celebrar estas victorias puede aumentar tu confianza e inspirarte para aspirar a más en el futuro. Nuestras relaciones con los demás desempeñan un papel muy importante en nuestra felicidad y bienestar.

Reflexionar sobre los momentos de conexión puede ayudarnos a apreciar a las personas importantes de nuestra vida y el impacto positivo que han tenido en nosotros. Piensa en las veces que te has sentido apoyado y querido por tus amigos, familiares o incluso compañeros de trabajo.

Quizá fue una conversación profunda con un amigo que te hizo sentir comprendido y valorado, o una salida divertida con la familia que creó recuerdos duraderos. Estas conexiones son preciosas, y dedicar tiempo a recordarlas y apreciarlas puede fortalecer tus relaciones y aportar más alegría a tu vida.

Reflexionar sobre los buenos recuerdos nos ayuda a construir una mentalidad positiva. Cuando nos centramos en los aspectos positivos de nuestra vida, entrenamos a nuestro cerebro para que busque lo bueno en cada situación. Esto no significa ignorar los retos o dificultades a los que nos enfrentamos, sino equilibrarlos con las experiencias positivas que hemos tenido.

Una mentalidad positiva puede marcar una gran diferencia en nuestra forma de afrontar la vida. Puede ayudarnos a mantenernos motivados, superar obstáculos y alcanzar nuestros objetivos. Reflexionando sobre los buenos recuerdos, podemos cultivar una mentalidad de abundancia y gratitud, que a su vez atrae más positividad a nuestras vidas.

Aunque reflexionar sobre los recuerdos del pasado es importante, también lo es crear otros nuevos. Ponte como objetivo buscar y crear experiencias positivas en tu vida. Puede ser probar una nueva afición, pasar tiempo de calidad con tus seres queridos o simplemente dedicar tiempo a disfrutar de las pequeñas cosas de la vida.

Crear nuevos recuerdos no tiene por qué ser complicado ni caro. Puede ser tan sencillo como dar un paseo por la naturaleza, celebrar una noche de juegos con los amigos o cocinar una receta nueva. La clave es estar presente y disfrutar plenamente de la experiencia. Estos momentos se convierten en los buenos recuerdos sobre los que reflexionarás en el futuro. Al mirar hacia el nuevo año, abracemos las posibilidades que nos aguardan. El futuro está lleno de oportunidades de crecimiento, felicidad y éxito. Si conservamos nuestros buenos recuerdos y creamos otros nuevos, podremos afrontar el futuro con fe, esperanza y entusiasmo. Recuerda que tienes el poder de forjar tu futuro. Tus éxitos pasados y tus momentos felices son la prueba de que eres capaz de conseguir grandes cosas en Dios. Acepta el nuevo año con el corazón abierto y una mentalidad positiva, y estarás preparado para sacar el máximo partido de todo lo que se te presente.

Practicar la gratitud es una forma poderosa de cultivar buenos recuerdos y una mentalidad positiva. Cuando nos tomamos tiempo para apreciar las cosas buenas de nuestra vida, nos sentimos más felices y contentos. Empieza un diario de gratitud y escribe tres cosas por las que estés agradecido cada día. Pueden ser cosas grandes o pequeñas: cualquier cosa que te haya alegrado o que te haya alegrado un poco el día.

La gratitud nos ayuda a centrarnos en los aspectos positivos de nuestra vida, incluso en los momentos difíciles. Nos recuerda las cosas buenas que tenemos y los progresos que hemos hecho. Practicando la gratitud con regularidad, podemos crear el hábito de buscar lo bueno en cada situación, lo que puede conducirnos a una vida más positiva y satisfactoria.

Reflexionar sobre los buenos recuerdos no significa ignorar los retos a los que nos hemos enfrentado. Es importante reconocer y aprender también de los momentos difíciles. Piensa en los obstáculos que has superado en el último año y en las lecciones que has aprendido. Estas experiencias han contribuido a conformar quién eres y te han dado la fuerza y la resistencia necesarias para afrontar futuros retos.

Si consideramos los retos como oportunidades de crecimiento, podemos convertirlos en experiencias positivas. Recuerda que cada reto que has superado es un testimonio de tu fuerza y perseverancia. Utiliza estas experiencias como motivación para seguir avanzando y afrontar nuevos retos con confianza.

Cuando el año llega a su fin, es un buen momento para fijarse objetivos para el futuro. Piensa en lo que quieres conseguir el año que viene y elabora un plan para alcanzar esos objetivos. Fijar objetivos nos da dirección y propósito, y alcanzarlos puede aportar una gran sensación de logro y satisfacción.

Cuando establezcas objetivos, asegúrate de que sean específicos, medibles, alcanzables, relevantes y limitados en el tiempo (SMART). Divídelos en pasos más pequeños y manejables, y celebra tus progresos a lo largo del camino. Recuerda reflexionar sobre tus éxitos pasados y utilizarlos como motivación para alcanzar tus nuevos objetivos.

Aunque es importante reflexionar sobre el pasado y planificar el futuro, es igualmente importante mantenerse presente en el momento. Disfrutar del momento presente puede ayudarnos a crear nuevos recuerdos positivos y a apreciar la belleza de la vida cotidiana.

Practica la atención plena prestando atención a tus pensamientos, sentimientos y entorno. Respira hondo y céntrate en el aquí y el ahora. Esto puede ayudar a reducir el estrés y aumentar tu sensación general de bienestar. Manteniéndonos presentes, podemos disfrutar plenamente de nuestras experiencias y crear recuerdos duraderos.

Mientras terminamos el año y miramos hacia el siguiente, centrémonos en cultivar buenos recuerdos. Reflexionar sobre los momentos de alegría, éxito y conexión puede aumentar nuestro optimismo y resistencia, estableciendo un tono positivo para el futuro. Celebrando nuestros logros, apreciando nuestras conexiones y practicando la gratitud, podemos crear una mentalidad de abundancia y positividad. Abraza el nuevo año con esperanza y entusiasmo, sabiendo que tienes el poder de moldear tu futuro. Crea nuevos recuerdos, fija objetivos y mantente presente en el momento. Con una mentalidad positiva y un corazón lleno de gratitud, estarás preparado para aprovechar al máximo todo lo que se te presente.

Así pues, brindo por un nuevo año lleno de buenos recuerdos, crecimiento y felicidad. ¡Hagamos que sea nuestro mejor año!

Semana 3: Apreciar los buenos recuerdos en medio de los altibajos de la vida

La vida puede ser una montaña rusa. Algunos días transcurren sin sobresaltos, mientras que otros parece que estás atrapado en una tormenta. En esos momentos, es fácil quedarse atrapado en lo negativo y olvidarse de los buenos momentos. Pero he aquí un secreto: atesorar buenos recuerdos puede crear resiliencia y ayudarte a navegar por los altibajos con una mentalidad positiva.

Piénsalo. Cuando reflexionas sobre los momentos felices, incluso en tiempos difíciles, estás entrenando a tu cerebro para encontrar la alegría y la belleza sin importar las circunstancias. Esto no significa ignorar lo malo; se trata de equilibrarlo con lo bueno. Recordar unas divertidas vacaciones familiares o un gran logro puede darte fuerzas para superar las malas rachas.

Compartir estos buenos recuerdos con los seres queridos también desempeña un papel crucial. Cuando rememoráis juntos, reforzáis vuestros vínculos y profundizáis en vuestras relaciones. Es como crear una red de apoyo en la que apoyarse cuando las cosas se ponen difíciles. Simplemente hablando sobre los buenos momentos puede levantarte el ánimo y recordarte que no estás solo. Reflexionar sobre los buenos recuerdos no es sólo una actividad para sentirse bien; es una poderosa herramienta para desarrollar la resiliencia. Piensa en tu mente como en un jardín. Si riegas las flores (recuerdos positivos), te resultará más fácil enfrentarte a las malas hierbas (retos y estrés). Esta mentalidad te ayuda a manejar la adversidad con gracia y perseverancia.

En tiempos difíciles, dedicar un momento a recordar los momentos de alegría puede proporcionar el consuelo que tanto necesitamos. Es como encontrar un faro en medio de una tormenta. Estos recuerdos te recuerdan que los buenos momentos existen, incluso cuando parece que todo va mal. Te ayudan a mantener los pies en la tierra y a ver las cosas con perspectiva.

Encontrar la alegría en medio de las dificultades es una habilidad que merece la pena cultivar. Se trata de buscar el lado bueno de las cosas y creer que vendrán días mejores. Este sentimiento de esperanza y optimismo puede cambiar las reglas del juego. Cuando te centras en lo positivo, es más probable que detectes oportunidades de crecimiento y mejora, incluso en medio de las dificultades.

Por ejemplo, imagina que estás atravesando una dura búsqueda de empleo. En lugar de agobiarte por los rechazos, puedes reflexionar sobre los éxitos pasados y los buenos comentarios que has recibido. Este enfoque positivo puede mantenerte motivado y abierto a nuevas posibilidades.

Apreciar los buenos recuerdos también te ayuda a gestionar mejor tus emociones. Cuando recuerdas cómo superaste retos pasados, aumenta tu confianza y te proporciona un modelo para manejar el estrés actual. Es como tener una guía personal para navegar por las dificultades de la vida. Esta práctica te enseña a sacar fuerzas de tus victorias pasadas. Cada vez que recuerdas una ocasión en la que triunfaste contra todo pronóstico, recuerdas tus capacidades. Esto puede ser increíblemente fortalecedor, ya que te da el valor necesario para enfrentarte a nuevos retos.

Compartir buenos recuerdos con los demás es algo más que una actividad placentera. Crea un sentimiento de unidad y camaradería. Cuando compartes historias de momentos felices, fortaleces tus relaciones y construyes una red de apoyo. Esta red puede ser un recurso crucial cuando necesites apoyo emocional.

Piensa en reuniones familiares o encuentros con amigos. Cuando rememoras experiencias compartidas, refuerzas tus vínculos. Esto puede hacer que te sientas más apoyado y menos aislado en los momentos difíciles.

El acto de reflexionar sobre los buenos recuerdos puede anclarte en la positividad. Es una forma de recordarte a ti mismo que la vida tiene sus altibajos, pero que siempre merece la pena apreciar los buenos momentos. Esta práctica puede desplazar tu atención de lo que va mal a lo que ha ido bien, facilitando la superación de los momentos difíciles.

Además, la reflexión positiva fomenta una mentalidad de crecimiento. Te ayuda a ver los retos como algo temporal y superable. Al centrarte en las alegrías pasadas, entrenas a tu cerebro para que busque experiencias y oportunidades positivas, incluso en situaciones difíciles.

Al final, atesorar buenos recuerdos en medio de los altibajos de la vida te capacita para afrontar la adversidad con valor y resistencia. Se trata de utilizar los buenos momentos como fuente de fuerza e inspiración. Esta práctica te ayuda a cultivar la fuerza interior y a forjar un camino hacia un mayor bienestar. Al centrarte en recuerdos positivos, compartiéndolos con tus seres queridos y utilizándolos como herramienta para la resiliencia emocional, puedes construir una mentalidad de positividad y perseverancia. Esto no sólo te ayuda a superar los retos de la vida, sino que también enriquece tus relaciones y tu sensación general de felicidad.

Así que, la próxima vez que te encuentres en una situación difícil, tómate un momento para reflexionar sobre los buenos momentos. Comparte esos recuerdos con las personas que te importan. Recuerda que la vida es una mezcla de altibajos, pero apreciando lo bueno, puedes encontrar la fuerza para capear cualquier tormenta.

Semana 4: Atentos a un nuevo año

Empezar un nuevo año con atención plena significa abordarlo con conciencia, intención y presencia. Se trata de aprovechar la oportunidad de crecimiento, renovación y transformación que brinda un nuevo comienzo. Esta semana exploraremos cómo reflexionar sobre el año pasado con curiosidad y compasión, establecer intenciones que se alineen con tus verdaderos valores y saborear el momento presente para crear un año significativo y satisfactorio.

La atención plena te anima a mirar hacia atrás en el último año con un sentido de curiosidad y compasión. Esto significa reconocer tanto tus éxitos como tus retos sin juzgarte. Se trata de crear un espacio en el que puedas observar tus pensamientos, emociones y acciones sin duras críticas ni autoinculpaciones.

Con curiosidad, exploras los acontecimientos, elecciones y resultados del año pasado con un sentido de asombro e indagación. En lugar de obsesionarte con los remordimientos o las oportunidades perdidas, puedes examinar tus experiencias desde un lugar de interés genuino, buscando comprender las lecciones que encierran. Este enfoque te permite ver tu pasado no como una serie de fracasos o logros, sino como una colección de experiencias que han dado forma a lo que eres hoy.

La compasión desempeña un papel crucial en este proceso. Consiste en ser amable y comprensivo contigo mismo, sobre todo cuando recuerdas momentos de dificultad o fracaso. En lugar de reprenderte por los defectos percibidos, ofrécete la misma empatía y apoyo que darías a un amigo que se enfrenta a retos similares. Al reconocer tanto tus éxitos como tus retos sin juzgarte, cultivas una perspectiva equilibrada del año pasado. Reconoce y celebra tus logros, por pequeños que sean, al tiempo que aceptas el crecimiento que supone enfrentarse a obstáculos y reveses.

Este ejercicio de reflexión te ayudará a comprender mejor tus experiencias y las lecciones aprendidas, allanando el camino hacia el crecimiento y el desarrollo personales.

Ser consciente del nuevo año implica establecer intenciones en lugar de propósitos rígidos. En lugar de centrarte únicamente en resultados concretos, cultiva una comprensión más profunda de tus valores, aspiraciones y prioridades. Este enfoque consciente de la fijación de objetivos te permite alinear tus acciones con tus verdaderos deseos y valores, fomentando una mayor sensación de realización y propósito.

Las intenciones difieren de los propósitos en que son más flexibles y se basan en el momento presente. Las resoluciones suelen conllevar una sensación de presión y una mentalidad de "todo o nada", que puede llevar a la frustración si las cosas no salen según lo planeado.

Por otro lado, las intenciones son más bien principios rectores a los que puedes volver a lo largo del año. Ofrecen una sensación de dirección sin el estrés de las expectativas rígidas.

Por ejemplo, en lugar de proponerte "perder 10 kilos", puedes proponerte "dar prioridad a mi salud y bienestar". Esto permite una variedad de acciones que pueden apoyar esa intención, como comer alimentos más nutritivos, hacer ejercicio con regularidad y dormir lo suficiente. Es un enfoque más holístico y compasivo que reconoce las complejidades de la vida y la necesidad de flexibilidad.

La atención plena te invita a saborear el momento presente y a apreciar el viaje en lugar de fijarte en el destino. Te anima a cultivar la gratitud por las bendiciones de tu vida y a encontrar la alegría en los placeres sencillos. Si te mantienes anclado en el presente, podrás navegar por las incertidumbres del futuro con mayor resistencia y calma.

Practicar la atención plena en tu vida diaria puede adoptar muchas formas. Puede consistir en tomarte unos minutos al día para sentarte en silencio y concentrarte en tu respiración, notando las sensaciones de tu cuerpo y los pensamientos que pasan por tu mente. Puede consistir en comer con atención, prestando atención a los sabores, texturas y olores de la comida, apreciando cada bocado. O puede significar dar un paseo por la naturaleza, observando las vistas y los sonidos que te rodean sin distracciones.

La gratitud es un componente clave de la atención plena. Reflexionando regularmente sobre las cosas por las que estás agradecido, puedes cambiar tu enfoque de lo que te falta a lo que abunda en tu vida. Esto no significa ignorar los retos o las dificultades, sino más bien equilibrándolas con una toma de conciencia de los aspectos positivos de tu vida. Llevar un diario de gratitud, en el que escribas algunas cosas por las que estás agradecido cada día, puede ser una práctica poderosa.

Ser consciente de un nuevo año te invita a aceptarlo como una oportunidad de crecimiento, renovación y vida consciente. Te capacita para vivir con intención, autenticidad y gratitud, creando los cimientos de un año significativo y satisfactorio.

A medida que te adentras en el nuevo año, considera en qué áreas de tu vida te gustaría crecer. Podría tratarse de crecimiento personal, como desarrollar nuevas habilidades o profundizar en tus relaciones. También podría ser crecimiento profesional, como buscar nuevas oportunidades laborales o mejorar tus habilidades actuales. Sea lo que sea, acércate a ello con curiosidad y apertura, dispuesto a aprender y evolucionar.

La renovación es otro aspecto importante de empezar un nuevo año con atención. Esto puede significar abandonar hábitos o pautas que ya no te sirven, creando espacio para nuevas posibilidades. Podría implicar desordenar tu espacio físico, simplificar tu horario o establecer límites para proteger tu tiempo y tu energía. La renovación consiste en empezar de cero, no sólo externamente, sino también internamente.

Vivir conscientemente significa tomar decisiones que estén en consonancia con tus valores y prioridades. Significa ser consciente del impacto que tienen tus acciones en ti mismo y en los demás, y asumir la responsabilidad de esas decisiones. Esto podría implicar ser más consciente de tus hábitos de consumo, tomar decisiones más sostenibles o ser más intencionado en tus relaciones e interacciones. En última instancia, ser consciente de un nuevo año consiste en crear un año significativo y satisfactorio para ti. Se trata de vivir con intención, autenticidad y gratitud, y de afrontar cada día con curiosidad y apertura. Reflexionando sobre el pasado con compasión, estableciendo intenciones que se alineen con tus valores y saboreando el momento presente, puedes sentar las bases de un año lleno de crecimiento, renovación y vida consciente.

Este proceso es continuo y requiere práctica y reflexión regulares. No se trata de alcanzar la perfección, sino de progresar continuamente. Recuerda ser amable contigo mismo a lo largo del camino, celebrando tus éxitos y aprendiendo de tus retos. A medida que avances, ten presente que la atención plena es una herramienta que puede ayudarte a navegar por los altibajos de la vida con mayor facilidad y resiliencia. Puede ayudarte a permanecer anclado en el momento presente, apreciar el viaje y crear una vida que tenga sentido y sea satisfactoria.

En resumen, ser consciente del nuevo año implica reflexionar sobre el pasado con curiosidad y compasión, establecer intenciones que se alineen con tus verdaderos valores y saborear el momento presente. Se trata de abordar el nuevo año con un sentido de conciencia, intención y presencia, y de abrazar las oportunidades de crecimiento, renovación y vida consciente que ofrece. Al hacerlo, puedes sentar las bases de un año significativo y satisfactorio, lleno de intención, autenticidad y gratitud.

Mi anécdota personal

Cuando el año llega a su fin, me parece significativo reflexionar sobre mi trayectoria, especialmente sobre mi papel como madre. Cada año nuevo es una oportunidad para empezar de cero, aprovechando las lecciones que he aprendido de los errores o fracasos del pasado. Ya sea en las relaciones, la salud o las decisiones financieras, veo cada año nuevo como una pizarra en blanco. A medida que el año se acaba, me encuentro a mí misma recordando el increíble viaje que he vivido como madre. Ver crecer a mis hijas hasta convertirse en jóvenes tan increíbles ha sido uno de los mayores privilegios de mi vida. Este año ha sido especialmente significativo porque ellas mismas se encuentran ahora en el hermoso, desafiante y transformador papel de la maternidad.

Ha sido un año lleno de alegría, aprendizaje y conexión profunda. Ver a mis hijas navegar por los altibajos de la maternidad me trae tantos recuerdos de mi propio viaje cuando eran pequeñas. Las noches sin dormir, las preocupaciones interminables y el amor abrumador... Todo vuelve a mí.

Me siento tan orgullosa de verlas criar a sus hijos con el mismo amor y cuidado que yo mi esposo les dimos una vez. Han demostrado tanta resistencia y fortaleza, equilibrando las exigencias de la maternidad con gracia. Nuestro vínculo se ha hecho aún más profundo al compartir experiencias, consejos y risas como madres.

Al recordar este año, me siento agradecida por la oportunidad de ver su crecimiento y la expansión de nuestra familia. Es un hermoso recordatorio de los ciclos de la vida y de la alegría de ver florecer a la siguiente generación. A medida que nos adentramos en el nuevo año, espero continuar este viaje y apreciar los momentos y recuerdos que creamos juntos. ¡Estoy haciendo que cuente toda mi vida!

Al terminar el año, también reflexiono sobre mis 36 años de matrimonio con mi querido esposo. Ha sido un viaje lleno de amor, crecimiento e innumerables experiencias compartidas. Hemos afrontado retos y celebrado muchas alegrías juntos, y cada momento ha reforzado nuestro vínculo. Estos años nos han enseñado a ser pacientes, el compromiso y la importancia de la risa. A pesar de todos los cambios que nos ha traído la vida, seguimos comprometidos y afectuosos. Reflexionar sobre nuestro viaje me llena de gratitud y profundo aprecio por la asociación que hemos construido. ¡Estoy haciendo que cuente mi amor!

El año pasado me proporcionó experiencias y lecciones, y al cerrar este capítulo, cuento mis logros. Conocer nuevos amigos y estrechar los lazos familiares son bendiciones que aprecio. Estas conexiones y logros me recuerdan que tengo otra oportunidad de mejorar en todos los ámbitos de mi vida. La alegría que me transmiten estos recuerdos y experiencias me hace sentir preparada y entusiasmada para dar la bienvenida al nuevo año. Es el momento de aprovechar nuevas oportunidades y ser mejor en todo aquello de lo que soy responsable.

A medida que nos introducimos en el nuevo año, estoy deseando que continuemos juntos este hermoso viaje.

¡Estoy haciendo que los recuerdos de mi vida cuenten através de este hermoso y maravillo libro!

Escribe aquí tu anécdota personal.

Bendición para el lector

Querido Padre Todopoderoso,

Me presento ante Ti cuando este año llega a su fin, agradecida por la abundancia de momentos memorables que ha proporcionado a mí y a mis lectores. Ofrezco esta oración por mis lectores, que han vivido días llenos de alegría y de retos, de crecimiento y de reflexión, al leer y aplicar las estrategias aquí compartidas.

Querido Dios, bendíceles con un corazón rebosante de gratitud por las experiencias que han forjado su camino este último año. Ayúdales a valorar cada recuerdo, desde los más pequeños momentos de risa hasta los mayores triunfos, sabiendo que cada experiencia ha desempeñado un papel en su camino hasta convertirse en quienes son hoy.

Concédeles la sabiduría necesaria para aprender de los altibajos, encontrando la fuerza en la adversidad y la humildad en el éxito. Llévalos hacia adelante con los tesoros de resiliencia, compasión y perseverancia que han descubierto en el camino.

En los días venideros, que Tu luz de esperanza les guíe, iluminando el camino hacia nuevos comienzos y oportunidades. Tómales de la mano mientras caminan con valentía, tranquilizados por Tu presencia, sabiendo que Tú has sido su apoyo en el pasado y seguirás estando con ellos en el año venidero.

Padre, así como has llevado a cada uno de ellos al último mes de este año, adelántate a ellos con Tu presencia divina en el año venidero. Pon una mesa ante ellos, abre puertas y allana el camino para que alcancen sus objetivos. Haz que los días que quedan de este año estén llenos de sorpresas agradables para ellos y sus familias. Al despedirnos de este año, llénales de paz, alegría y la expectación por las aventuras que les esperan en los próximos días. Haz que sus corazones estén abiertos para recibir las bendiciones que Tú tienes para ellos en el futuro. Recuérdales que siempre ellos estarán bajo el abrazo de Tu amor divino.

En tu santo nombre, Jesús, te lo pedimos. Amén.

Escribe aquí tu propia oración:

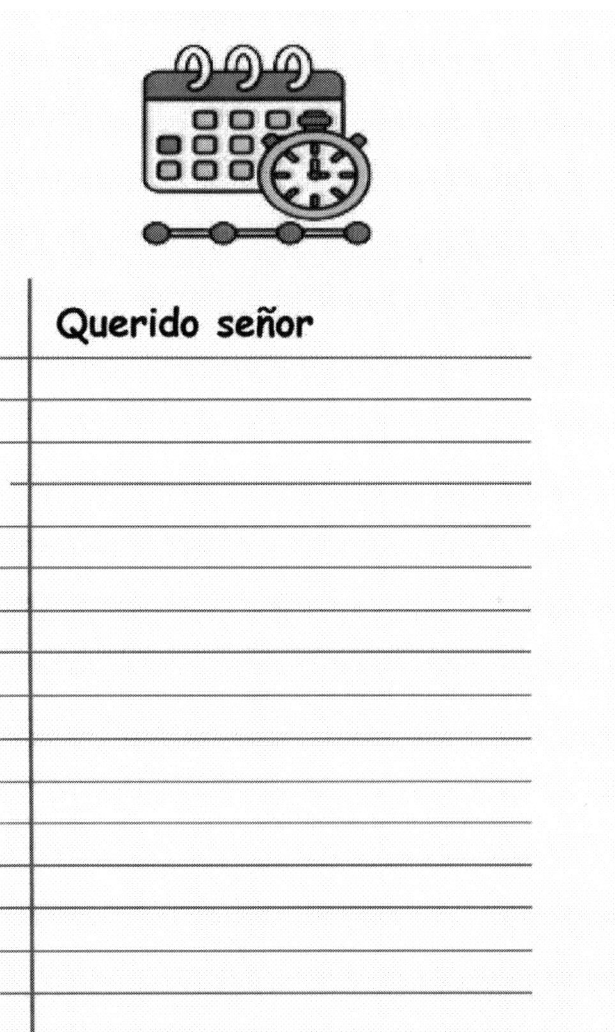

Made in the USA
Columbia, SC
12 April 2025

ad4c247b-c73e-47ca-8a75-e82a741e245dR01